네트워커의 리더십 Ⅰ
- 인성 계발 30가지

The Power to Succeed Ⅰ

30 Principles for Maximizing Your Personal Effectiveness

판권본사
독점계약

네트워커의 리더십 Ⅰ- 인성 계발 30가지

지은이 · 조 루비노

옮긴이 · 김 영석

감수자 · 김 시중

펴낸이 · 김 시중

1판 1쇄 인쇄일 · 2002년 9월 11일

1판 1쇄 발행일 · 2002년 9월 11일

펴낸곳 · 도서출판 용안미디어

주소 · (135-081) 서울시 강남구 역삼1동 696-25 영성빌딩

전화 · 569-5024(대)

팩스 · 569-5009

등록 · 1994년 2월 25일 제16-837호

가격 · 6,000원

ISBN 89-86151-55-3

＊ 잘못된 책은 바꿔드립니다.

※ 이 책의 한국어판 저작권은 한국저작권센터(KCC)를 통한 저작권자와의 독점계약으로 용안커뮤니
케이션에 있습니다. 저작권법에 의해 한국 내에서 보호를 받는 저작물이므로 무단전재와 복제를 금
합니다.

네트워커의 리더십 I
- 인성 계발 30가지

The Power to Succeed Ⅰ

30 Principles for Maximizing Your Personal Effectiveness

용안미디어

옮긴이 · 김 영 석

- 인하대학교 기계공학과 졸업
- 제일제당 근무
- BYU-Hawaii대학 인력개발학과 졸업
- Eastern Michigan 대학원 수학(조직행동과 관리)
- 스리랑카 심스 뮤직 지사장
- 한국 네트워킹 대표

당신은 이 책을 통해 다음의 내용들을 개발할 수 있다:

- 내 능력을 최대한 발휘하는 방법

- 대인관계 향상 능력

- 생활 전반에서 요구되는 책임감 고취

- 성취 능력 계발과 시한 내 목표 달성 방법

- 가치관과 삶의 법칙이 개인의 성공을 돕는 방법

- 과거의 완성과 이상적인 미래 설계

- 효과적인 의사 전달 요소의 계발

- 불평 제거와 실천 방법

- 개인 능력 발휘와 실망 극복법

- 새로운 가능성을 여는 대화법 터득

- 문제 포용 방법이 인생에서의 획기적인 발전을 가져다주는 영향

- 진실을 말해주면서 다른 사람의 모든 것을 수용하는 자세

- 다른 사람의 관심을 모으는 카리스마를 발전시키는 방법

우리는 많은 사람을 만나고 다양한 상황에 접하면서 지속적인 발전을 위해 새로운 기회를 창출해낸다. 최상의 기회를 만들면서 자신을 계발할 것인지 아니면 이런 것들을 무시하고 현재의 상태를 유지할 것인지 선택할 수 있다. 바로 우리가 선택하는 것이다.

조 루비노 박사

추 천 사

새로운 삶을 위한 박사 과정이다. 강력히 추천하고 싶다.

– 마이크 스미스 –

브릿지퀘스트사의 창업자

한 가지 고백할 것이 있다. 이미 모두 알고 있고 경험한 내용이라고 생각하면서 이 책을 읽기 시작했다(내가 모르는 것을 그가 말할 수 있을지 의심하기도 했다). 책장을 덮고서 나는 부끄러웠다. 이 훌륭한 박사에게 존경을 표하지 않을 수 없다. 이 책은 당신 자신의 무한한 능력을 발견하고 발휘하도록 한다. 당신의 마음을 변화시키고 긍정적인 행동을 할 수 있도록 리더십의 상호작용을 제시한다. 또한 우리가 잊고 있던 것을 새롭게 보여주고 새로운 개념을 제시하고 있다. 조에게 감사한다.

– 존 밀튼 포그 –

〈세상에서 가장 위대한 네트워커〉의 저자이며

〈업라인〉지 및 〈네트워크마케팅〉지의 창시자

이 책은 인생의 변화와 함께 스스로 공부하기에 가장 효과적인

프로그램을 제시한다. 또한 타인과의 효과적인 파트너십을 형성하
도록 해주며 자신의 능력을 최대한 발휘하도록 도와준다. 이 책에
대해 열정을 갖기 바란다.

- 젠 루 -
〈진정한 리더십〉의 저자

앞으로 오랫동안 개인의 발전을 위한 최상의 지침서로 인정받을
것이다.

- 리차드 브룩 -
〈마하Ⅱ의 속도로 열정에 불타는 당신의 머릿결〉의 저자

그의 역저이면서 더 높은 경지로 도달하기 위해 제시된 걸작이다.
제시된 모든 것을 실행한다면, 성공으로 가는 길이 열릴 것이다.

- 밥 버그 -
〈상처를 주지 않는 성공법〉의 저자

인생의 전환점을 마련해주는 기회나 책을 접하기란 쉽지 않다.
이 책은 바로 그런 책이다. 가장 강력한 자기학습 프로그램이며 자
신의 인생과 사업을 중점적으로 발전시킬 수 있는 계기를 마련해
준다. 여러분이 일 년 동안 개인 발전 프로그램 코스를 선택할 수
없을 때, 대신할 유일한 책이다. 여러분이 열정을 갖도록 해준다.

- 더그 파이어바우 -
패션 파이어 인터내셔널의 CEO

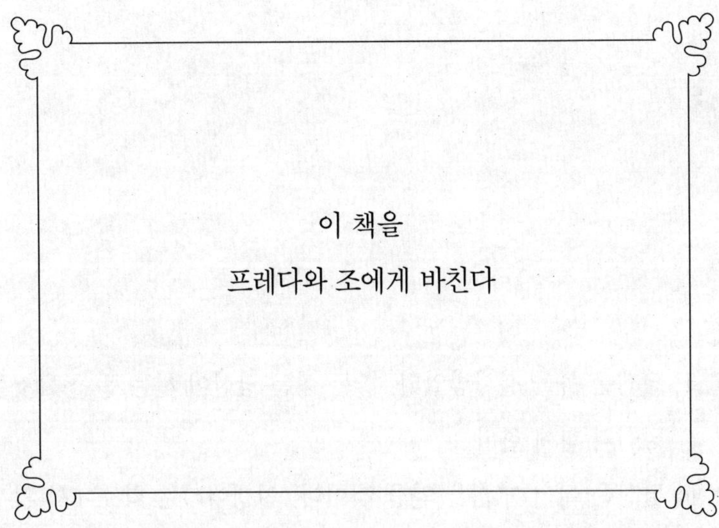

이 책을
프레다와 조에게 바친다

인간의 조건

작자 미상

1. 당신은 몸을 선사받았다. 좋든 싫든 당신이 사는 동안 그것은 당신과 함께 한다.

2. 당신은 여러 교훈을 얻을 것이다. 인생이라는 학교에서 평생 받는 수업을 좋아할 수도 있고 나와 전혀 상관없는 어리석은 것으로 생각할 수도 있다.

3. 실수라는 것은 없다. 오직 교훈뿐이다. 성장은 시도와 실패의 과정 즉, 경험이다. 실패한 경험은 성공 후의 업적만큼 중요한, 발전의 일부이다.

4. 당신이 배울 수 있는 한, 교훈은 계속 반복되면서 여러 형태로 당신 앞에 다가올 것이다. 한 가지 교훈을 얻은 후, 다음 교훈을 습득할 준비를 하라.

5. 교훈을 얻는 것은 끝이 없다. 인생은 모든 부분에서 우리에게 가르침을 준다. 살아있는 한, 배워야 할 교훈은 끝없이 많다.

6. 지금 여기보다 더 나은 곳은 없다. 당신이 가는 그곳이 바로
   여기가 된다.

7. 당신이 사귀고 있는 사람들은 바로 당신을 비춰주는 거울이
   다. 그들을 사랑하거나 미워하는 것은 자신을 사랑하고 미워
   하는 것이다.

8. 인생을 어떻게 만드는가는 당신에게 달려 있다. 필요한 모든
   것은 당신이 가지고 있고 그것을 어떻게 활용하는가는 바로
   당신의 선택이다.

9. 인생의 모든 질문에 대한 답은 자신이 갖고 있다. 당신이 할
   일은 그것을 찾아내고 관심을 기울이고 자신의 능력을 믿는
   것이다.

10. 당신은 곧 이 모든 것을 잊어버릴 것이다.

안정은 가상현실이다. 그것은 존재하지 않으며 모든 사람이 누
리는 것도 아니다. 장기적으로 보면, 위험을 피하는 것은 위험을
감수하는 것보다 더 위험하다.

– 헬렌 켈러 –

미국의 저술가이자 강사

생후 18개월 때 시각 · 청각 장애인이 됨

목 차

감사의 말

본인의 개인적인 발전과 이 책의 출간에 도움을 주신 많은 분들에게 감사드린다.

우선, 브릿지퀘스트의 마이크와 팅카 스미스, 월드 인스티튜트 그룹의 캐롤 맥콜, 〈마하 II의 속도로 열정에 불타는 당신의 머릿결〉의 저자인 리차드 브룩에게 경의를 표한다. 본인의 정신적인 지주인 이 분들은 개인적인 발전의 원리와 인생에서의 선택 개념의 정립을 도와주셨다. 이 책은 인간들의 대화와 유기적인 관계에 대한 그 분들의 통찰력에 근거했으며 개인의 성장과 발전에 기여하는 커뮤니케이션의 중요한 원리에 접할 수 있도록 해준다. 본인의 삶에 최선을 다할 수 있도록 영감을 주신 이 분들에게 감사드린다.

또한 본인의 코치이자 사업 파트너인 절친한 친구, 톰 벤툴로에게 고마움을 전한다. 그는 이 책이 세상에 나오도록 도와주었다. 톰은 우리 회사(퍼스널 리인벤션 센터-http://www.CenterForPersonalReinvention.com, 인터내셔널 파트너십)가 개인적인 발전에 공헌하려는 목적을 이루는 데 견인차 역할을 했다.

본인에게 보여준 아내의 헌신과 지지에 감사한다. 그녀는 다른 사람들을 도와줄 힘을 내게 주었다. 가족의 신뢰와 사랑과 격려에 감사한다.

1991년 이래, 많은 조언을 해준 친구들, 선·후배 그리고 선견지명을 가진 파트너들에게 특별히 감사하고 싶다. 이들의 리더십으로 수많은 사람들이 가치관과 열정을 지니고 자신의 생활에서 성공을 이루었다.

퍼스널 리인벤션 센터에서 갖는 프로그램에 참석해 많은 경험과 지식을 가르쳐준 모든 친구에게 감사한다.

이 책의 준비를 도와준 스탠 스미스와 션 마티스, 교정을 봐준 에버린 호웰, 표지 도안과 발간에 도움을 준 톰 벨루치에게도 감사한다.

또한 자신과 주변 사람들의 가능성을 발견하기 위해 개인적인 발전 과정을 밟고 있는 독자 여러분의 참여와 용기에 찬사를 보낸다.

I

소 개

INTRODUCTION

1

개인의 발전을 위한
나의 이야기

이 책에서 다루고 있는 원리들은 내 인생을 형성하는 데 결정적인 역할을 했다. 이 책의 서두에 쓴 체념에 대한 시는 나의 생활을 반영하고 있다. 나도 한때는 대부분의 사람들이 그러는 것처럼 인생에서 새로운 것이 없다고 생각했다. 채워지지 않은 뭔가가 있었지만 그게 뭔지 알 수가 없었다. 인생은 과감한 도전이 아닌 단순하고 무의미한 일상이었고 거기에 만족했다. 본질적으로 내 생활에 잘못된 것은 없었다. 그러나 중요한 자질과 가치관을 추구하는 열정이 있는 생활은 아니었다. 잃어버렸던 것은 자신에게 가장 중요한 인생의 의미를 찾고 그것을 추구하는 책임의식이었다.

지난 10년 동안 나는 인생의 주요 원리들을 내것으로 만드는 개인적인 발전 과정을 밟고 있었다. 전문적인 기술 부분에서는 만족할 만한 결과를 가져왔다. 그렇지만 어떤 부분에서는 아직 초보단계를 벗어나지 못 하고 있었다. 이런 과정을 겪으면서 나는 매순간 행하는 모든 것들이 나에게 이로운지 아니면 오히려 장애가 되는 지 묻게 됐다. 또한 개인적인 능력과 다른 사람과의 관계에 있어 무엇이 부족한지 생각하게 되었다.

　내 생활은 이러한 것에 초점을 맞추지는 않았다. 많은 사람들이 그랬듯이 정식 교육을 받았지만 개인의 영향력을 향상시키는 분야에 대해서는 배우지 않았다. 자연과학에 관심이 있었던 나는 장래에 의사가 되고 싶었다. 지식이 힘이라는 생각에 늘 새로운 정보를 습득하려고 했다. 정보를 소유하고 있다는 것은 한 개인의 힘이 아닌가?

　나는 치과대학에 가기 위해 부단한 노력을 기울였으며 결국 보스턴대학에서 상위 5%에 속하는 우등생으로 졸업했다. 이것은 내가 치과대학에 갈 수 있는 성적이었다. 내가 노력해 얻은 지식으로 원하는 결과를 얻게 된 것이다.

　일반적으로 전문의가 되기 위한 준비 과정은 상당히 어렵고 스트레스를 받는다는 생각이 지배적이다. 성공은 지식의 습득과 일맥상통하는 의미일 뿐만 아니라 그 지식을 얻기 위해 많은 노력을 기울여야 진정한 의미의 성공을 이룰 수 있다는 생각 때문일 것이다. 이 과정에서 낙오할 수 있다는 끊임없는 부담감은 이미 그 과정을 통과한 사람들에게서 늘 듣던 말이었다. 이러한 스트레스는 치과의사라는 존경받는 전문직업인에게 필요하다고 한다. 졸업 후 12년 동안 나는 이렇게 준비하고 노력했다.

한동안 치과의사라는 직업은 여러 면에서 만족감을 가져다주었다. 환자들의 건강과 복리에 도움을 주는 기회였다. 또한 아내, 제니스와 가족들에게 상류층의 라이프스타일을 갖게 해주었다. 나는 매우 바빴지만 성공가도를 달리고 있었다. 치과의사라는 직업은 내가 잘 할 수 있는 분야였기 때문이다.

그러나 뭔가 잃고 있다는 생각이 들었다. 인생은 성취 이상의 것이다. 그러나 더이상 내가 할 수 있는 것이 없었다. 사실, 나는 내 인생을 더 의미있게 만들기 위해 변할 수도 있다는 것을 인식하지 못 하고 있었다. 나의 존재를 지탱해온 끝없는 의무감과 당위성 이상이 인생에 있다는 자각을 하게 된 것이다. 나는 매일 직장에 가야 했다. 치과의사로서 단조롭고 싫어하는 작업들을 해야만 했다. 종종 거칠고 무례한 환자들로 인해 짜증스런 날도 있었다.

나의 책임과 의무에 대해 혼동스러웠다. 내 가치관을 높이는 데 대한 책임을 느끼지도 못 했으며 그러한 능력이 있다고 자각하지도 못 했다. 그 어떤 선택의 여지도 없었다.

1991년, 옥시프레시 월드와이드사(리더 훈련으로 유명한 회사)가 주관하는 리더 모임에 참석하며 후일 정신적 지주가 된 캐롤 맥콜, 마이크 스미스, 리차드 브룩 등을 만날 수 있었다. 그들의 도움으로 나는 존재의 의미와 가장 중요한 것, 나의 재능을 다시 검토할 기회를 가질 수 있었다. 내 가치관의 중심인 창의성, 기여, 자유, 모험 등의 자질을 가치있게 활용하지 않고 있음을 알게 되었다. 당시의 내 역할은 상대적으로 매우 적은 것이었다. 치과의사라는 직업은 현실에 안주하는 편안한 장소로 자리잡고 있었다. 이것은 또한 최상의 자신을 구현하지 않는 방편으로 작용하고 있기도 했다.

다른 뜻이 있는 것은 아니다. 치과의사라는 직업은 성취감을 주고 서비스업으로서 충분한 가치가 있는 중요한 일이다. 평생직으로 생각한 이 일은 수준높은 생활을 보장했다. 또한 외부로부터 독자적인 환경을 만들 수 있었으며 그 환경을 지배할 수도 있었다. 이러한 안정의 대가는 성장 능력과 생동감을 잃어가는 것이었다. 인간 관계의 발전에 장애가 되었으며 경쟁에 대한 대가를 치르고 있었다. 결과는 만족할 만한 것이 아니었다.

이러한 과정은 판에 박힌 생활에서 벗어나 내 자신에게 새로운 세계에 대한 동기를 부여해야 한다는 결심을 하도록 해주었다. 내가 무엇을 해야 하는지 깨닫게 해주었고 결국 나는 병원을 매각하기로 했다. 그리고 지금의 나에서 새로운 나를 만들려는 끝없는, 실현가능성을 예견할 수도 없는 자신과의 싸움에 던져지게 되었다.

오늘날 나의 최대 목표는 내가 과거에 경험했던 안주와 체념으로부터 탈출하려는 사람들을 도와 챔피언, 뛰어난 사람이 되도록 해주는 것이다. 많은 사람들이 최상의 자신을 구현하기 위해 인생의 변화를 꾀하고 개인적인 발전의 길을 걷고 있다는 것을 알고 있다. 다른 사람들에게 영향을 줄 수 있는 힘은 오로지 개인의 영향력을 극대화할 때 가능한 것이다. 여기에 제시한 일련의 과정을 통해 개인과 구성원 전체의 변화를 가져올 수 있을 것이다.

2

자신이 추구하는 기대에
부응하기 위한
인생에의 도전과 순응

당신은 다음 중 어디에 속하는가?

- 주위에서 일어나는 일, 사람들의 행동에 민감한 반응을 보인다.

- 환경에 대해 불평한다.

- 환경에 저항적이다.

- 다른 사람들로부터 나 자신을 멀리한다. 내가 살아남고 성공하는 데 그들을 경쟁상대로 생각한다.

- 나의 이질감이 나 자신을 보호하는 데 사용된다. 그것이 내 약점과 결점을 숨겨준다고 생각한다.

- 내가 결정한 일과 맞지 않는 사람이나 생각, 행동들을 멀리한다.
- 끝맺지 못한 과거의 일에 집착한다.
- 최상의 결과를 이루지 못 하고 있는 현실을 극복하기보다는 피한다.
- 불가능하고 어렵기 때문에 더 나은 생활을 위한 방안을 강구하지 않는다.
- 하고 있는 일을 감추거나 정당화해 자신을 보호하려고 한다.
- 나에 대해 반대하는 사람의 약점을 퍼뜨려 그를 무너뜨리려고 한다.
- 나의 행동, 태도, 이해심 등이 성공을 위해 바람직하지 못 하게 이루어지는 부분이 있다.

위의 사항들은 세상을 경쟁과 결핍으로만 이루어진 것으로 보는 사람들의 성향이다. 이는 세상을 긍정적으로 보는 사람들의 성향과는 반대되는 것이다.

자신을 다음과 같이 재창출하도록 결심해야 한다.
- 최상의 자신을 만들기 위한 결의로 과감하게 도전하는 삶을 살자.
- 다른 사람의 최상의 면모를 끌어내기 위해 예상치 못한 요청을 하자.
- 자신에게도 같은 일을 하자.

- 현재와 미래의 건축가가 되기 위해 자신의 능력을 발휘하는 창조적인 자세를 갖자.
- 비전을 갖고 생활했다는 만족감으로 하루를 마감하자.
- 모두를 위해 긍정적으로 생활하자 – 모든 사람이 이익을 얻을 수 있도록 최상의 환경을 만들자. 내 이익을 취함과 동시에 다른 사람에게 손해를 주는 일이 없도록 하자.
- 서로의 연계성을 위한 공통점을 찾자. 우리 모두는 어떤 면에서는 같은 방향을 추구하고 있다.
- 생활 속에서 창조적인 아이디어를 찾자. 당신의 생활에서 모든 가능성을 제시할 수 있다는 믿음을 갖자.
- 인생은 풍요와 성취를 이루기 위한 탐험의 기회로 가득 차 있다고 보자.
- 다른 사람들에게 공헌할 수 있는 자신의 능력을 믿자. 베풀수록, 더 많이 돌아오는 것이 인생의 원리이다.
- 과거를 청산하고 현재의 충만한 경험으로 선택의 미래를 추구하자.
- 배우는 것이 최고의 혜택이다. 이를 통해 자신을 살찌우며 다른 사람의 충고에 귀를 기울이자.
- 다음을 생각하기 전에 매일 매일의 승리와 성장, 성취를 만끽하자.

인생은 살아남기 위한 부단한 노력일 수도 있고 다른 사람과의 조화를 통해 목표를 성취해가는 모험일 수도 있다. 선택은 여러분의 것이다.

이 책 1권과 2권은 위의 도전과 가능성에 대해 설명하고 있다. 인생의 변화를 가져올 수 있는 세부적인 면들을 함께 살펴보자. 이것은 개인의 능력, 생산성, 영향력 그리고 행복을 최대화하면서 자신을 재창조하는 과정이다.

3

중심 원리들을 내것으로 만들기

우리는 일반적으로 정보가 더욱 영향력 있는 인간을 만드는 데 원천이 된다고 생각하는 시대에 살고 있다. 오랜 학교 교육을 통해 성공적인 인생을 만들기 위한 충분한 정보를 얻으려고 한다. 그렇지만 가치 있는 정보라고 할지라도 그 자체만으로는 행동과 영향력의 근원이 될 수 없다. 그렇다면 항상 가장 많은 교육을 받은 사람들이 가장 성공적이어야 하는가?

마찬가지로 경험만으로는 영향력을 행사할 수 없다. 그렇다면 가장 강력한 사람만이 가장 오랫동안 우위에 서는 것인가? 대부분 아니다.

진정한 능력과 영향력은 중심 원리들을 발전시킨 결과이다 – 이는 단순히 정보와 경험을 얻는 것은 아니다. 기본 원리들을 발전시키지 못 하면 온전히 활용할 수도 없다. 이 책의 목적과 연관시켜 우리는 이것을 '특성'이라고 부르기로 한다. 다시 말하면, 개념을 정리하는 것 또는 할 일을 아는 것, 실행하는 것과 실제로 일을 성취하는 것과는 차이가 있다. 사실, 한 개의 원리 즉, 특성을 발전시키는 가장 좋은 방법은 일을 추구해 나가면서 실패를 경험하는 것이다. 미지의 세계를 경험하면서 겪게 되는 실패를 긍정적으로 받아들이고 추구하는 자세를 가짐으로써 인생의 원리를 내것으로 만들 수 있다.

예를 들면, 자전거를 배우는 데 가장 중요한 것은 균형을 유지하는 일이다. 이는 자전거를 타는 방법에 대한 지식과는 관련이 없다. 자전거 타는 방법에 관한 책을 매일 읽는다 하더라도 균형을 알려면 직접 타봐야 한다. 여러번 넘어지는 실패도 겪고 망신을 당할 수도 있다. 그런 인내심을 통해 배우게 된다. 자전거가 넘어지고 왼쪽, 오른쪽으로 기울고 다시 원위치로 돌아가려는 반복적인 노력을 통해 비로소 균형을 체험하게 된다. 균형을 잡기 전까지는 자전거를 배울 수 없다.

인생의 어느 한 분야에서 영향력을 갖는다는 것은 중심 원리와 자신이 갖고 있는 기술들의 복합체이다. 이러한 원리들은 지식, 정보, 경험 이상으로 존재에 의미를 준다. 이런 것들이 당신의 일부가 되어야 한다. 한 분야에서 재능을 보이는 사람들은 원리를 이해하는 타고난 재능을 가지고 있다. 이러한 원리들을 자신의 것으로 만들게 되면 자체가 지니고 있는 힘만으로 새로운 원리들을 만들게 된다. 일단 자신의 것이 된 원리들은 자전거를 배운 것처럼 자주 이용하지 않거나 잊어버렸다고 생각해도 그 경험이 이미 자신의 일부가 되었다. 이는 활용할수록, 더 발전하고 행동으로 나타나게 된다.

노련한 외과의사들은 의과대학 학생들이 얻을 수 없는 원리와 종합적인 기술을 가지고 있다. 치과의사들은 일반인들이 갖지 못한 구강 지식이 있다. 에스키모들은 눈이 가지고 있는 다양한 성질에 따라 25가지의 다른 이름으로 부른다. 이글루를 지을 수 있는 눈, 눈사태를 몰고 올 수 있는 눈, 날씨 변화를 예고하는 눈 등으로 말이다. 그들은 눈에 대한 기본적인 특성을 알고 있으므로 그 분야의 전문가인 셈이다.

여기서 말하고자 하는 것은 바로 존재에 대한 원리이다. 다른 사람들에게 영향력을 행사하고 그들과 좋은 관계를 유지하도록 하는 것은 무엇이며 그렇지 않은 영향력을 주는 것은 무엇인가?

원리 자체만으로는 원하는 수준에 도달할 수 없다. 원리들을 이해하고 우리 인생에 변화를 가져오도록 노력이 필요하다. 당신이 다른 사람들과의 생활에서 성공하려면 부자연스런 것을 극복해야 한다. 일단 이러한 원리들을 습득하고 나면 그것은 자연스럽게 나의 일부가 된다. 내것으로 만들고 나면 다시는 잃지 않을 것이다. 당신에게 이익이 되도록 돕는 것은 당신이 지닌 원리들이다.

당신을 새로운 모습으로 변화시키려는 의지가 있다면 이러한 목표를 성취할 수 있는 프로그램을 택하는 것도 좋은 방법이다. 우리가 진행하고 있는 프로그램과 http://www.CenterForPersonalReinvention.com을 참조할 수도 있다. 이 훌륭한 프로그램은 캐롤 맥콜과 팅카 스미스, 리차드와 리숀 브룩이 진행한다. 맥콜은 커뮤니케이션의 세계적인 전문가이다. 스미스 부부는 비전과 자기 동기부여 분야에서 잘 알려져 있다. 1, 2권에 소개된 내용들을 스스로 실천에 옮긴다면, 원하는 자신과 리더십을 얻을 것이다.

자신의 발전을 위해 노력하는 여러분들에게 감사한다. 매일 최상의 자신이 되기 위해 마음 속의 조용한 소리를 따르고 노력하는 사람들을 위해 이 책을 바친다. 행복하고 좋은 인간 관계를 유지하고 개인적인 영향력을 발휘하길 바란다.

II

당신의
인생과 영향력을
최고로 만들기

IMPACTING
YOUR LIFE AND
YOUR EFFECTIVENESS

4

이 책에서 많은 것을 얻기 위한 틀짜기

> 성장이란 어떻게 해서든 항상 조금이라도 실행에 옮기고자 하는 태도에 달려 있다.
>
> 노먼 메일러
> *미국 작가*

이 책에서 많이 배우려면, 여러 원칙들을 실제로 경험해보는 것이 필수적이다. 이를 위한 가장 이상적인 방법은 한 명이나 그 이상의 코치를 고용해, 당신이 습관적으로 세상을 바라보는 방식과 직면하는 문제들에 대해 일상적으로 대처하는 방식들에서 벗어나 사고하고 행동할 수 있도록 배우는 것이다.

당신을 가르치는 사람은 그들의 전문 분야에서 명성이 있고 자신의 주요 원칙을 고수하는 사람들이어야 한다. 코치는 특정 분야에서는 능력이 있어야 할지는 모르지만 모든 분야에서 유능할 필요는 없다. 예를 들어, 당신에게 사업상의 문제를 지도하는 사람도 정신적인 문제에 관해서 가르치기는 역부족일 수 있다는 말이다. 진정한 코치들은 충고를 하거나 자신의 의견을 전달하지 않는다. 그들은 가치를 중요시하지 자신의 사고를 중요시하지는 않기 때문이다.

즉, 자신의 주장을 관철시키기 위해 사실을 조작하거나 정황을 이용하지 않는다. 그들은 일반 상담가나 치료 전문가와는 다르다. 또한 가르침을 받는 사람들을 보호, 통제, 구제하려고 하지 않는다. 대신, 그들은 자신이 지도하는 사람들이 어떤 부분에서 어려움을 겪고 있는지 또는 잘만 쓴다면 훌륭한 결과를 가져올 수 있지만 고려되고 있지 않은 몇몇 중요한 요소 등에 관한 생각들을 들어준다.

코치들은 우리가 말하는 것을 듣고 우리가 고려하지 않은 문제들을 살펴봄으로써 우리가 깨닫지 못 하고 있는 것을 보도록 도와준다. 그들은 자신이 지도하는 사람들에게 공감하지만 감정적으로 지도의 결과에 집착하지는 않는다. 그들은 사람들이 최상의 삶을 이끌어 나갈 수 있도록 격려한다. 이러한 역할들을 수행하기 위해 질문하고 가능한 대안들을 검토하고 요청하며 때로는 다시 고려해 봐야 할 문제를 제기하기도 한다. 숙련된 코치 기술은 훌륭한 기법이며 높은 가치를 지닌 서비스이다.

제시된 원칙들을 완전히 경험하기 위한 또 다른 방법은 '더 센터 포 퍼스널 리인벤션'이나 '브릿지퀘스트', '더 월드 인스티튜트 그룹' 등이 제시하는 구조적 개인 계발 프로그램과 다른 사용가능한 많은 훌륭한 프로그램들에 참여하는 것이다. 수 년 동안 다양한 원칙들을 당신의 일상에 받아들인 것처럼, 더 나아가 그 원칙들은 자신의 일부가 될 것이다. 하지만 불행히도 이러한 접근 방법이 모든 사람들에게 항상 효과적인 것은 아니다.

그 대안으로 개인이 가지는 영향력을 늘리는 데 관심이 있는 1~5명과 어울리는 방법이 있다. 그들에게 이 책을 처음부터 끝까지 읽도록 부탁하라. 그리고는 매주 한 번, 한 가지 원칙을 완전히 검토하고 소화하며 토론하고 경험하도록 서로 지원해주기로 약속하라. 그룹으로서, 각각 다른 개념들에 대한 토론을 이끌어 나갈 권한을 차례로 부여할 스케줄을 짜라. 모든 원칙에 대한 내용을 함께 읽어라. 그리고 그룹의 조직원들이 제기하는 의문 사항이나 애로 사항에 관해 함께 토론하라.

수 주가 지나면 제시된 원칙에 열중해야 한다. 각각의 원칙을 다루는 거의 마지막 과정에 이르면, 제기된 문제들을 완전히 검토하라. 당신의 개인적인 힘과 효율성을 증가시킬 수 있는 가능성들을 찾아라. 그리고 당신의 재능과 다른 사람들과의 관계를 지지해주지 못 하는 요소들을 찾아내라.

한 주가 끝날 즈음에는 조직원들과 직접 만나거나 전화 통화로 당신이 배운 것을 함께 공유하라. 당신이 원칙을 경험해봄으로써 얻은 의견이나 돌파구가 있다면, 서로 토론하라. 당신이 원칙을 지키는 정도를 10단계로 나눠 그 원칙에 참여하는 것을 방해하거나 당신의 능력을 제한하는 방해물들이 있는지 의논하라.

한 주가 지날 때마다 이전에 경험했던 원칙들을 다시 떠올려라. 여러 원칙들에 어떤 일정한 패턴이 보이는가? 그룹의 다른 멤버들과의 피드백을 받아들여라. 그리고 다른 사람들의 의견도 부탁하라. 다른 사람들이 인생에 실패하는 요인은 쉽게 보여도 우리 자신의 한계점은 쉽게 인식하지 못 한다.

우리가 경험하게 될 원칙들은 여러 개념과 연습이 개인의 능력을 최대한 활용하도록 지원해줄 것이라는 생각에서 나온다. 논의되는 개념들이 사실 그대로 드러나는 것은 아니다. 여기서 사실이라는 말은 상대적인 개념이다. 어떤 사람에게는 사실인 것이 다른 사람에게는 아닐 수도 있다.

제안된 연습 활동은 매우 중요하다. 제시된 원칙을 직접 경험하지 않아 내것으로 만들지 못 하면 다음의 내용들은 흥미로운 아이디어들로만 보일 것이다. 당신의 삶에 영향을 주기 위해서는 원칙들이 자신의 일부가 될 때까지 준수해야 한다. 그 확고한 의지가 개인의 힘에 직접적인 영향을 줄 것이다.

제시된 개념들을 완전히 익히기 위해 적어도 한 주에 한 번씩은 연습하라. 이전에 시도했던 원칙을 제대로 익힌 것 같다면 다음 단계의 원칙으로 이동하고 싶을 것이다. 감당할 수 있는 한, 많은 원칙들을 동시에 경험하라. 때때로 당신이 익힌 다른 원칙들을 계속 경험해보는 것도 필수적이다. 만약 당신이 하나의 원칙을 완전히 배웠다면, 앞으로 그것을 잊어버리는 일은 없을 것이다. 동시에,

자기 계발을 위한 이러한 작업에 집중하겠다는 의지가 없다면, 예전의 오랜 습관으로 돌아가기도 매우 쉽다.

기록을 남겨라. 스프링으로 묶인 노트도 좋다. 당신의 관찰력과 의욕, 의견과 발전 상황 등을 기록하라. 개인적인 발전은 당신 앞에 놓여진 여러 문제들을 풀 의지가 있다면, 계속 이루어질 것이다. 하루가 끝날 때마다 원칙 습득 결과를 자신에게 보고하는 시간을 가져야 한다. 제기된 문제들에 대답하고 연습 활동들을 되돌아보고 관찰 결과를 기록하라. 항상 자신에게 '다른 사람들과의 관계에서 무엇이 효과적이었는가?' 라는 질문과 '좀더 효과적인 결과를 가져올 수 있었는데 놓친 부분들은 무엇인가?' 라는 질문을 하라.

그리고 마지막으로, 어떤 방식으로든 재미를 느껴야 한다. 자신이 하는 일을 너무 심각하게 받아들일 필요는 없다. 긴장을 풀고 개인의 발전 과정을 즐거운 것으로 만들어라. 자신에 대해 웃어넘길 수 있는 자세와 개인의 발전 경험을 즐기려는 태도는 성공에 기여하는 중요한 요인이 될 것이다.

5

당신의 능력을 극대화할 환경 조성하기

진정한 유대감은 사람들 사이의 관계 자체에서 발생할 뿐 아니라 공유된 책임감과 이익에서도 발생하는 것이다.

1969년~1970년, 미국 보건, 교육복지부 장관

로버트 핀치

조안은 가난한 동네에 산다. 그녀는 항상 아름다운 집에 사는 것을 꿈꾸지만 남편의 적은 월급으로는 대도시 구시가의 과밀 지구를 벗어날 수 없었다. 12년 된 그녀의 차, 포드 에스코트는 심하게 찌그러지고 녹슬어 있었으며 자주 손봐야만 했다. 집안 살림을 꾸려나가느라 항상 고생하는 조안은 과체중이었고 치아 상태가 나빴으며 그녀의 가난한 삶을 보여주듯 초라한 옷을 입고 다녔다. 아들, 아담은 항상 친구들과 문제를 일으켰고 아담의 친구들은 생활비를 벌기 위해 마약거래와 범죄를 일삼았다. 조안은 그처럼 힘든 삶을 살고 있다는 사실에 화가 났지만 자신이 할 수 있는 일은 아무 것도 없다고 생각했다.

우리를 둘러싼 사람과 상황들은 자신의 능력을 최대한 발휘하도록 지원해줄 수도 있으며 반대로 우리의 노력을 수포로 만들어버리는 환경을 만드는 데 일조하기도 한다. 일상생활 속에서의 여러 사람과 요소들이 당신에게 가장 중요한 가치들을 얻는 데 도움을 주고 있는가?

그 사람들과 요소들이 당신이 중요시하는 가치를 얻도록 고무시켜주는가 아니면 실망시키는가? 집과 사무실의 환경이 건전하고 당신의 행복과 발전에 공헌하는가? 아니면 당신의 환경은 당신의 강점을 지지해주지 못 하는 것들로 가득 차 있는가? 당신의 건강과 외모 그리고 라이프스타일이 당신이 되고자 하는 인간상에 가까워지도록 작용하는가 아니면 그 목적을 방해하는가?

당신의 가치나 미래에 대한 설계와 조화를 이루며 살아가고 있는가 아니면 매일 직면하는 문제들에 그저 순응하고 있는가? 식물이나 애완동물들이 삶의 질 향상에 기여하는 공간에서 살아가고 있는가? 옷이나 집, 차 그리고 다른 소유물들이 당신의 훌륭함을 잘 보여주는가? 여가시간에는 당신이 되고자 하는 인간상에 더욱 가까이 다가서기 위해 노력하는가 아니면 아무 생각 없이 그 시간을 낭비해버리는가?

마지막으로, 당신은 일과에서 자신의 선택에 따라 행동하고 있거나 자신의 운명을 바꾸는 데 아무런 영향도 미치지 못 하면서 환경에 순응하며 살아가고 있을 것이다. 자신이 세워놓은 가치관에서 벗어나 살고 있거나 마음 내키는 대로 살고 있을지도 모른다. 부족한 것이 많을 수도 있지만 바로 당신 자체가 주변에서 일어나는 모든 상황의 원인일지도 모른다.

당신은 선택권을 행사해야 한다.

그렇게 할 권한이 당신에게 있다.

당신이 되고자 하는 인간상에 가까워지도록 지원해줄 환경 만들기

1) 당신 삶과 관련된 사람들과 환경, 상황들이 당신의 우수함을 뒷받침해주는가?

2) 오늘 당장 모든 선택권을 사용해 당신의 삶을 설계하라. 다음 영역들이 당신의 필요와 기대에 완전히 충족하는지 검토하라:

- 가족과 인간 관계
- 직업
- 물리적 환경
- 여가활동, 취미 그리고 열정을 가질 만한 대상
- 정신적 생활

3) 코치나 토론 그룹의 도움을 받아 위의 각 분야 중 다시 설계할 만한 것의 세부적인 활동 계획을 세워라. 각 분야를 염두에 두고 자신에게 다음 질문을 하라.

- 현재의 상황들이 당신이 되고자 하는 인간상에 가까워지도록 도움을 주는가?

- 각 분야에서 어떤 것들이 효과가 있으며 어떤 것들이 실효를 거두지 못 하고 있는가?
- 각 분야 가운데 바람직한 결과를 가져올 수 있음에도 불구하고 고려되지 않고 있는 요소들은 무엇인가? 구체적으로 답하라.
- 어느 분야에서 극적인 변화와 행동이 필요한가? 제대로 결과를 거두고 있지 못한 분야에 직접적인 영향을 미치기 위해 취해야 할 대담한 행동에는 어떤 것이 있는가?
- 당신이 변화를 가져오고 싶은 분야에서 당신을 후원해주거나 가르침을 줄 사람은 누구인가?
- 언제 행동으로 옮길 것인가?

4) 위의 질문들에 대한 대답을 기록하라.

6

주요 원칙들을
발전시켜 삶에 영향을
주기

천재는 사물을 똑바로 바라보는 재능을 가진 사람이
다.

1905년 피터팬 역으로 유명해진

미국 여배우

모데 아담스

대부분의 사람들은 자신이 하는 모든 일들이 좀더 효과적이기를
바란다. 그렇다면 우리가 원하는 가장 이상적인 결과는 어떻게 얻
을 수 있을까? 그것은 우리를 둘러싼 세상을 어떻게 보는가에 달
려 있다.

어떤 결과에 영향을 미치고 싶을 때, 우리는 주로 자신의 행동에
초점을 맞춘다. 즉, 바라는 결과를 이루기 위해 무엇을 해야 할지
고심하는 것이다. 만약 우리의 행동을 바꾼다면, 전형적인 인과 관

계에 의해 결과는 바뀔 것이다. 하지만 결과는 그 이상이다.

우리는 또한 행동에 영향을 미치는 요소들에 대해 심사숙고해봐야 한다. 사람들은 세상을 보는 방식에 따라 행동하기 때문에 그 방식을 어떻게 바꾸는가에 따라 우리의 행동도 적절하게 변할 것이라는 말은 이치에 맞는다. 그렇다면 사물을 보는 방법은 어떻게 변화시킬 것인가?

사물을 볼 때, 우리는 자신이 마음 속에 만들어낸 이미지에 맞춰 사고한다. 이러한 이미지들을 평가한 후, 인지된 상황을 다루기 위한 행동을 자동적으로 취한다. 만약 우리 마음 속에 전달되는 이미지들을 변화시킬 수 있다면, 다른 해석을 함으로써 다른 행동과 결과를 가져오게 되는 것이다. 그렇다면 정답은 우리가 사물을 보며 만들어내는 이미지에 달려있다는 말이 된다. 이러한 이미지들은 우리의 강점을 살리는 행동을 하게 만들 것이다.

그렇다면 우리가 세상을 인지하는 이미지를 결정하는 것은 무엇인가? 정답은 우리가 가지는 기초적인 원칙 속에 있다. 우리는 막연한 인식을 이용해 사물을 본다. 간단한 예를 하나 들어보자. 만약 당신이 익숙한 시골길을 운전하는 도중, 공중전화를 찾는다고 하자. 예전에 이 길을 100번은 다녔어도 공중전화가 있는지는 모를 것이다. 이번에는 당신이 전화를 찾기 위해 애쓰고 있기 때문에 예전에는 알아채지 못 했던 곳에서 전화를 발견할 것이다.

만약 당신이 자신을 후원해줄 수 있는 효과적인 삶을 살기 위해 필요한 원칙들을 받아들인다면, 사물을 다르게 바라보게 될 것이고 결과적으로 다르게 행동할 것이다. 모든 과거의 경험은 우리가 사물을 보고 평가하는 방식에 결합되어 영향을 미친다. 우리의 경험들은 미래에 우리가 보게 될 사물을 평가하는 잣대를 만들 것이다.

우리가 만들어내고 재창조하는 이미지들은 우리가 세상을 바라보는 잣대와 관계가 있다. 우리가 이러한 기준에 맞춰 사물을 판단하듯이, 우리는 이 기준에 부합하는 인식에 맞는 결과를 만들어낸다. 이러한 현상은 기준을 더욱 강화할 것이고 계속 똑같은 결과를 만드는 것이다. 우리가 사물을 보는 방식은 우리의 행동을 결정한다. 또한 이러한 행동들은 우리가 얻게 될 결과에도 영향을 미친다.

빨간 선글라스가 있다고 가정해보자. 이 선글라스를 끼고 세상을 보면, 모든 것이 빨갛게 보일 것이다. 사물을 볼 때마다 선글라스 때문에 사물이 빨갛게 보인다는 것을 알게 된다면, 당신은 렌즈를 한 단계 어둡게 만들지도 모른다. 그러나 이렇게 할수록, 선글라스를 통해 본 세상은 더욱더 빨갛게 변한다.

똑같은 원리가 우리의 경험에도 적용된다. 예를 들어보자. '밥'은 어릴 때부터 아버지에게 맞고 자랐다. 때문에 밥은 세상을 매우 살기 힘들고 분노로 가득찬 곳으로 생각하게 되었다. 그는 생존법을 배웠다. 강해지고 무자비해져야 한다는 생존법칙을 터득한 것이다. 그가 세상을 이런 식으로 봤기 때문에 거짓말을 계속하고 싸우면서 쉴새없이 문제를 일으켰다. 이러한 태도는 그가 세상을 더욱 무자비하고 치열한 것으로 보게 했다.

밥의 경험 하나하나가 이러한 이미지를 더욱 강하게 해주었고 결과적으로 세상을 바라보는 인식과 행동이 타락되어갔다. 이것은 다른 사람들과의 관계에서 누릴 수 있는 행복과 효율성을 가져다주지 못 했다.

우리가 세상을 보는 렌즈를 바꿀 수 있다면, 행동을 바꾸고 주변 상황에 영향을 줄 수 있을 것이다. 이처럼 잣대를 바꾸기 위해서는 우선 당신의 삶을 받아들이는 방식에 영향을 주는 기본 인식들에 대해 알아야 한다. 당신이 자동적으로 취하게 되는 전제는 무엇이며 이러한 전제들이 당신이 처한 상황과 주위 관계를 바라보는 시각에 어떤 영향을 주고 있는가? 대화를 하거나 일상생활에서 어떤 활동을 할 때마다 표면에 드러나지 않게 자신에게 보내는 메시지는 무엇인가? 그러한 메시지를 발견하기 힘들다고 절망할 필요는 없다. 이를 인식하려면 시간이 필요하기 때문이다. 당신이 가진 잣대는 형성의 초기 단계에 있으며 마치 컴퓨터의 운영 시스템처럼 앞으로 보이지 않게 당신의 배경 지각 능력을 형성하게 될 것이다.

이 책은 당신이 끼고 있는 렌즈의 색상을 바꿔줄 주요 원칙에 초점을 맞출 것이다. 당신은 세상을 다르게 보기 시작할 것이다. 일상생활에서 당신에게 더욱 큰 힘을 부여하는 데 필요한 이러한 원

칙들을 발전시킴으로써 개인적인 능력과 효율성을 모든 일에 증가
시킬 기회를 갖게 될 것이다.

**진정으로 삶에 힘을 갖고 싶다면, 다음 분야에서 효율적이어야
한다 :**
- 물리적, 심리적, 정신적 건강
- 인간 관계
- 경력
- 재정적 측면
- 여가 생활과 열정을 쏟을 만한 대상
- 개인적 발전

각각의 영역에서 주요 원칙들을 발달시키는 것은 개인적인 능력
을 극대화시키는 데 도움을 줄 것이다. 위험을 감수하고 편안함을
느꼈던 구역에서 벗어나려는 태도는 우리가 도달할 수 있는 개인
적 발전의 범위를 결정할 것이다.

자신을 보호하기 위해 여지를 남겨두는 것이 신중한 행동일 것
이다. 각각의 범위에서 다시 돌아올 수 있는 여지가 있다면, 당신
이 마주칠지도 모르는 난관이나 방해물을 더 잘 다루게 된다. 이는
또한 당신에게 여분의 에너지를 가져다줄 것이다. 인생을 즐기지
못 하게 했던 많은 걱정들에서 벗어나 더욱 편안해진 자신을 발견
할 것이다. 내 삶의 중심에 서 있고 놀라운 일들을 겪을 준비가 되
어 있다면, 변화에 수동적으로 대처하기보다 변화가 일어나기 전

에 능동적으로 대비하는 사람이 될 것이다. 이제 당신은 단순히 살아남기 위해 아슬아슬하게 살아가는 것이 아니라 확고한 의지를 가지고 삶을 이끌어갈 수 있게 된다. 이것은 당신이 가진 힘을 모든 삶에 적용할 수 있도록 해줄 것이다.

삶에 영향 미치기

1) 다음 삶의 주요 영역을 상세히 조사하라:

- 물리적, 심리적, 정신적 건강
- 인간 관계
- 경력
- 재정적 요소
- 여가 생활과 열정을 쏟을 만한 대상
- 개인적인 성장과 발전

2) 이제 각각의 삶의 영역 중에서 다음 것들을 알아내도록 하라:

- 현재 당신이 가장 강력한 힘을 가진 분야
- 개인의 발전을 위해 그 다음으로 결정한 분야
- 각각의 분야에서 누가 당신을 지도할 것인가?
- 각 분야에서 당신이 최대한 활동할 수 있도록 당신을 보호해 줄 여지를 만들어 둘 분야
- 각 분야에서 당신이 힘을 발휘해야만 하는 방해물들

최고가 되기: 개인적인 능력에 접근하기

BEING THE BEST YOU CAN BE: ACCESSING YOUR PERSONAL POWER

7

개인을 발전시킬
분야를 정하고
정기적으로 자신의 발전을
평가하기

> 의식적인 노력으로 자신의 삶을 향상시키는 데 확실한 능력을 가진 것보다 더 고무적인 것은 없다.
>
> 19세기 미국 수필가 및 시인
>
> *헨리 데이비드 소로우*

한 인간으로서 우리는 신체적, 정서적, 정신적, 또 영적으로 끊임없는 변화를 겪고 있다. 삶은 우리에게 개인적인 발전을 위한 끊임없는 기회를 제공한다. 이 기회의 활용법은 전적으로 우리에게 달려 있다. 매일 우리에게는 선택해야만 하는 일들이 주어진다. 살아가면서 직면하는 여러 도전들을 거절하든 받아들이든 그에 대해 응답해야 한다. 개인적인 발전의 길을 택한다는 것은 현재 우리가 어떤 인물이며 장차 어떤 인물이 될 것인지를 시험하는 동시에 그 길을 어떻게 갈 것인지 평가하는 것도 의미한다. 개인적인 발전의 고지를 향해 오르지 않는다면, 우리는 쇠퇴의 언덕 아래로 미끄러질 것이다. 가만히 서 있을 수는 없다.

　하루하루를 개인적인 발전의 기회로 삼겠다고 결심하는 것은 우리 삶의 어떤 한 특정 분야에서 지속적인 발전을 이루겠다고 결심하는 것과 마찬가지다. 이러한 결심을 하도록 세상이 어떻게 돌아가고 있는지 파악하는 기구를 운영하는 것도 도움이 된다. 이 기구에서 현재 진행 중인 것과 그렇지 않은 것, 현재는 빠져있지만 활용할 경우, 다음 단계로 올려주는 피드백 방법이 포함되어야 한다.

개인적으로 가능한 발전 분야에는 다음의 자질들이 포함되어야 한다.

- 침착성과 집중력
- 반발심 없음
- 조직적이고 정리되어 있음
- 평온함
- 진심으로 겸손한 마음
- 자신을 도와주거나 힘을 주는 판단의 선택
- 더 강한 체력 단련
- 성실함
- 카리스마
- 자신감
- 자신과 다른 사람에게 고무적인 존재가 됨

- 자신을 약점 있는 사람으로 방치

- 감정을 나타냄

- 소용 없을 때는 감정을 나타내지 않음

- 민감함

- 모순되지 않거나 꾸준함

- 훈련이나 가르침을 받기 쉬운 존재

- 행복함

- 훌륭한 자기 이미지

- 자신의 육감을 신뢰함

- 공감 능력을 키움

- 자기 동기부여

- 결심하고 지킬 수 있는 능력

- 거부감 없이 모든 것을 말할 수 있음

- 잘 경청하는 사람

- 어떤 상황이든 잘 활용하는 능력

- 즐거움을 만드는 능력

- 다른 사람에게 신뢰감을 줌

- 자제력

- 미래를 위해 기꺼이 희생하고자 함

- 마음에서 우러나오는 말을 함

- 비전을 갖고 생활함

- 다른 사람을 도와줌

- 다른 사람이 최고가 되도록 북돋아줌

- 열의를 나타냄
- 고무적인 존재가 됨
- 약점 있는 사람이 됨
- 동정심을 지님
- 긍정적인 태도를 지님
- 긍정적인 기대를 갖도록 함
- 효율적으로 대화함

또한 여러분은 다른 사람과 관련된 다음의 자질들을 계발할 수 있다.

- 다른 사람의 상황을 공감하는 능력을 키움
- 남을 돕는 법을 경청함
- 상호 간 혹은 공통된 기반 위에서 경청함
- 다른 사람이 여러분에게 기여할 수 있는 것을 경청함
- 다른 사람과의 결속력
- 동업자로서의 협동력
- 봉사를 행복하게 여김
- 기꺼이 공헌하고자 함
- 다른 사람에게 관심을 가짐
- 공통적인 해결책을 찾는 데 관심을 가짐
- 방해하지 않음
- 다른 사람에게 긍정적인 영향을 줄 수 있음
- 팀의 한 구성원이 됨

여러분 개인의 능력 향상을 위해 무엇이든 여러분이 얻고자 하는 자질을 키울 수 있는 기구를 만든다.

그 기구에는 다음과 같은 사람들이 포함될 수 있다.

- 여러분이 향상시키고자 하는 자질 가운데 빠진 것을 보완하도록 지도하는 조언자

- 상호작용 이후 그 자질 향상을 위해 얼마나 성공적으로 실천하고 있는지 여러분 자신을 평가한다(1~10의 범위 내에서 점수를 매긴다). 어떤 것이 성취되었고 어떤 것이 빠졌으며 여러분이 향상시키고자 하는 분야 가운데 다음에 효과를 더 거두기 위해 추가해야 할 부분을 살펴본다.

- 여러분이 선택해 발전시키고자 하는 분야에서 거둔 소정의 결과를 일지에 매일 적는다. 다시 한번, 성취한 것과 빠뜨린 것을 기록한다.

- 다음과 같은 말로 다른 사람들에게 피드백을 부탁한다. "나는 좀더 카리스마가 있고 남의 말을 좀더 경청하고 의사전달 능력이 좀더 뛰어났으면 좋겠습니다. 당신에게는 내가 어떻게 보이는지 피드백 해주시겠습니까?"

자신에 대해 가장 영향을 미치는 것을 알아내겠다는 각오와 그러한 결심을 돕도록 기꺼이 기구를 만들겠다는 각오는 여러분의 개인적인 능력을 향상시키는 데 많은 도움을 줄 것이다.

자신의 발전을 돕는 기구를 만든다.

1) 자신이 가진 자질 가운데 좋아하고 싫어하는 것을 모두 열거한다.

2) 더욱 향상시키고 싶은 자질들을 다섯 가지 이상 적는다.

3) 이러한 자질들을 향상시키는 데 도움이 되는 여건을 만든다. 예를 들면,

- 코치나 지도교사와 함께 일한다.
- 한 단계가 끝나면 자신에게 점수를 매긴다.
- 관찰한 내용을 일지에 기록한다.
- 다른 사람에게 피드백을 요청한다.

개인적인 발전을 평가한다.

1) 매일, 매주 그리고 매달 말에 개인발전 분야에서 이룬 일을 평가하기 위해 자신에게 다음과 같은 질문을 한다.

- 자신과 다른 사람에 대해 무엇을 배웠는가?
- 어떤 면에서 효율적이었는가?
- 빠뜨린 것 가운데 포함시켰더라면 더 큰 효과를 가져왔을 만한 내용은 무엇이었나?

2) 파악한 내용을 일지에 적는다.

8

성취에 필요한 요소들

> 사람됨은 우리가 반복하는 것에 의해 좌우된다. 그렇다면 탁월함은 하나의 행동이 아닌 습관이다.
>
> 고대 희랍의 철학자
>
> 및 논리, 철학, 윤리, 정치, 자연과학에 관한 저자
>
> *아리스토텔레스*

생산성 향상과 지속적인 자기발전의 길로 이끄는 데 고려해야 할, 세 가지 분명한 요소가 있다. 새로운 목표를 세울 때, 자신이 완전히 성공했다고 단언하기 전에 이 세 가지 요소들을 살펴보고 싶을 것이다.

1 - 반드시 결과를 낳아야 한다.

목표나 성과가 포함된 어떠한 노력을 기울이더라도 상당한 결과가 있어야 한다. 눈에 띄는 성취가 없다면, 생산성의 요소는 부족한 것이다. 어떤 결과나 다른 이야기가 있는 곳에는 미흡한 결과에

대한 정당화나 변명이 가능하다는 것에 유의하라. 여러분의 능력은 앞에 어떤 문제가 놓여 있더라도 그것에 관계 없이 결과를 만들어내는 책임을 질 때, 가질 수 있다.

2 - 개인적인 발전이 있어야 한다.

부귀영화를 얻을 수 있더라도 자신을 한발짝 앞으로 움직이는 것을 알지 못 한다면, 완전한 성취가 아니다. 여러분의 능력과 효율성을 뒷받침해주는 데 결여됐던 각 상황과 상호작용, 의사소통을 살펴보고자 하는 의도는 이러한 개인적인 발전 요소가 당신의 생활에 존재한다는 것을 확신시켜줄 것이다.

3 - 즐거움을 가져야 한다.

아무리 성공했더라도 발전을 싫어하고 즐기기를 그만두었다면, 성취에 있어 뭔가 빠뜨린 것이다. 즐거움을 가져다 주는 것을 결정해야 한다. 자신의 가치관과 열정을 파악하고 그것들이 존중되며 성취하려는 일들을 계획할 때, 이루어야 할 조건의 하나로 포함시켜야 한다. 즐거움에 초점을 맞춘다면, 의도 대로 즐거울 때, 결실을 맺을 수 있다.

성취한 것에 점수를 매긴다.

할 일을 정하고 목표를 세우면서 다음 분야에서 1~10등급으로 자신의 점수를 매기고 일지에 기록한다.

A - 상당한 결과

B - 개인적인 성장

C - 즐거움

세 가지 분야 모두 초점을 맞추는 것은 실제로 가치 있고 즐거움
을 주는 성공을 안겨준다.

9

책임

"그건 내 실수가 아냐, 그렇지?"

이 말은 배우, 월터 브래넌의 고전영화 가운데 카우보이가 자주 했던 코믹 대사이다. 종종 우리는 이런 태도를 보인다. 우리에게 닥치는 모든 불행한 사태나 문제를 내포하고 있는 관계들, 일상의 도전적인 문제들은 우리의 잘못일 수 없다. 진정 비난받을 사람은 남이나 상황이다. 책임이 피해야 하는 것이라는 생각은 우리에게 결코 이롭지 못 하다.

책임이란 당신을 한 개인으로 존중하고 타인과의 관계에서 당신을 지원하도록 어떠한 상황이나 언제라도 대처할 수 있는 능력을 말한다. 책임을 어떻게 바라봐야 하는지 훈련받은 방법과 비교해 보자.

책임은 비난, 실수 또는 부담을 수반하지 않는다. 또한 책임을 지지 않는다는 것은 수치, 죄의식, 부당함 등을 의미하지 않는다. 그것은 여러분이 어떤 일을 하는 방법이나 다른 사람이 삶을 영위하는 방법에 대한 누군가의 의견에 따르는 가치판단을 뜻하지도 않는다. 책임은 오히려 우리의 삶에서 일어나는 모든 사건, 관계, 행동과 상황을 받아들이는 것을 의미한다.

주변에서 실제로 일어나는 모든 일들이 여러분이 야기시킨 것은 아니다. 그것은 여러분이 사용하도록 필자가 제안하는 해석이나 도구일 뿐이다. 즉, 여러분이 행하는 모든 일은 자신이 창안해낸 것이라는 뜻이다. 이 절차는 여러분에게 일어나는 일의 근원이 되는 힘을 부여해준다. 책임을 진다는 것은 삶에서 일어나는 사건으로 인해 희생자가 생기지 않도록 함을 말한다. 의식적이든 아니든, 우리가 생활 속에서 만나는 모든 사람, 상황, 사건 또는 문제는 어떤 면에서 우리가 내린 결정의 결과인 것이다.

이는 우리가 영향을 미치는 영역 밖에서는 사건이 일어나지 않는다는 것을 말하는 것은 아니다. 그러한 상황도 분명히 일어나기 때문이다. 주변에서 일어나는 모든 일에 대해 우리가 책임을 진다는 것은 생활 속에서 선택하고 결정하는 것에 대해 각성하도록 상기시켜 주는 것이다. 그것은 우리가 선택할 수 있는 개인적인 능력을 염원하면서 서 있어야 할 자리이다.

책임은 언제나 현재에 존재하며 결코 과거에 존재하지 않는다. 그것은 행동 결정을 내리면서 세상을 바라보기 위해 서 있는 위치이다. 남의 잘못이나 실수로 조작하는 것도 아니다. 어떤 상황이 우리의 삶에 영향을 미칠 때, 책임을 진다는 것은 그 사건이 우리에게 일어났다는 해석의 반대 해석을 택하는 것이다. 즉, 여러분 자신의 소유물과 행동을 계획하고 실천하는 사람이라는 의미를 내포하고 있다. 따라서 여러분이 창안해낸 것이기 때문에 여러분이 보는 것 가운데 좋아하지 않는 것이 있다면, 그것을 바꾸게 된다.

책임을 진다는 것의 의미는 다른 사람이 그르다고 판단하는 여러분의 '권리'를 포기하는 것이다. 그것은 다른 사람에 대해 나쁜 감정이나 분노, 보복심 등을 갖지 않고 말하는 것이다. 책임을 지는 사람들은 변화시키는 데 영향을 줄 수 있는 자신감, 개인적인 힘과 지식을 갖고 어떠한 상황에도 대처하는 능력을 갖고 있다.

여러분은 세상을 끌어당기는 힘의 근원이 된다는 것을 기억해야 한다. 인생의 모든 것과 주변 상황에 영향을 미치기 위해 필요한 절차를 밟는 결정에 대해 책임을 주장해야 한다.

책임 있는 생활을 하는 것

1) 건강, 대인관계, 경제력, 직장 등에서 여러분에게 책임이 적은 것을 알아본다.

2) 전체적인 책임을 지면서 이 각 분야에서 어떻게 행동하는 것이 당신의 삶을 설계하도록 해주는가? 이러한 조치를 취하기 위해 여러분은 어떤 데드라인(deadline)을 정할 것인가?

3) 개인일지에 여러분이 관찰한 것과 결심한 것을 기록한다.

10

실패 따위는 없다

이 말이 여러분의 상황을 설명해주는가? 노력해도 실패가 두려워 어떤 도전도 꺼리게 된다. 이것은 성공을 위한 어떤 조치도 소용없다는 생각에 집착할 때, 생긴다. 실패할 여지가 없을 경우, 성공할 여지 또한 없다.

실패란 단지 해석일 뿐 사실이 아님을 기억하라. 여러분은 미프로야구 역사상 통산 최다삼진왕이 누군지 아는가? 그렇다! 베이브 루스다. 그는 누구보다도 삼진을 많이 당했다. 그러나 오랫동안 홈런왕이기도 했다. 실패인가 아니면 놀라운 성공인가? 그것은 모두 여러분의 초점과 해석법에 달려 있다.

발명왕, 토마스 에디슨도 마찬가지였다. 그는 전구를 발명하기 위해 400번 이상의 실험을 시도했으나 실패했다. 사실, 그가 발견한 것은 실내를 밝혀주는 빛이 아니라 400가지 이상의 다른 방법들이다.

우리는 무슨 일을 하든 그 흐름을 보고 무수한 방법으로 우리 자신을 무효화하려는 경향이 있다. 우리는 성취한 일을 자세히 살피는 대신, 결점을 확대한다. 실패를 가치 있는 것으로 받아들이는 능력의 부족은 실제로 우리의 행동을 제한한다. 우리가 패배를 경험하지 못 한다면, 지식의 한계를 벗어나는 실험을 할 여지도 갖지 못하게 된다.

새로운 도전을 경험할 수 있는 여지를 갖고 이러한 경험으로부터 배우고 그것이 주는 지혜를 통해 성장할 때, 여러분은 알려지게 된다. 미지의 것을 알아내려고 시도하는 용기는 이전에 발견되지 않은 분야를 발견할 수 있는 무수한 기회를 만들어낼 것이다.

미지의 세계를 탐험하기 위한 능력을 가지려면 자신을 그 분야에서 초보자라고 여겨야 한다. 호기심을 갖고 특정한 결과에 대해 집착하지 않으면서 미지의 것을 탐구한다면, 새로운 경험과 잠재적인 성공의 여지를 남겨줄 것이다.

여러분이 세운 목표를 이루지 못 하는 것에 대한 걱정에 가까이 가는 또 다른 방법은 결과에 초점을 맞추지 않는 것이다. 바라는 목적을 달성해야만 한다는 생각에 사로잡힐 때, 너무나 좌절한 나

머지, 우리의 영향력이 고통받게 된다. 그 결과, 우리는 가장 원하는 것으로부터 멀어진다.

여러분은 결과에 집착하지 않고도 그 결과를 달성하고자 하는 의지를 가질 수 있다. 의도하는 결과를 얻는 데 필요한 행동에 여러분의 관심을 두도록 하라. 활동 계획에 집중함으로써 여러분은 발전 상황을 평가하고 움직이고 있는 것과 빠진 것이 무엇인지 알 수 있게 된다. 더불어 목표 접근을 위해 더 나은 자리에 서기 위해 고쳐야 할 행동도 깨달을 수 있다. 그러한 정보와 발견에 관한 많은 내용들은 실패에 대해 알려진 바가 없다면, 매우 제한적일 것이다.

실패에 대해 마지막으로 한 가지만 더 이야기하겠다. 대부분의 사람들은 실패를 죽도록 싫어한다. 여러분도 그렇다면, 마음을 가볍게 먹어라. 실패를 너무 심각하게 생각하지 말라. 여러분이 실패했다고 하자. 그것이 어쨌다는 건가? 나가서 마음껏 뛰어놀아라. 여러분이 수없이 실패한다면, 그 사실을 받아들여라. 실패로부터 도망치지 말라. 일단 실패하는 것을 대수롭지 않게 여기게 되면, 실패를 많이 해도 대단치 않게 여기는 능력이 생긴다. 힘껏 뛰고 필요할 경우, 실패할 여지를 남겨두어라. 그렇게 하는 것은 성공하는 데 필요한 여지를 남겨두는 것과 같다. 여러분은 마지막에 가서 최선을 다할 때 오는 만족을 느낄 것이며 결과에 상관없이 실패의 두려움으로부터 자유로워질 것이다.

실패를 포용하고 두려움을 없애라.

1) 실패에 대한 두려움 때문에 시도하지 않는 분야는 무엇인가?

2) 실패할지도 모른다는 두려움을 없애기 위한 힘을 부여하는, 어떤 해석을 만들어낼 것인가?

3) 여러분이 꺼려했던 목표를 성취하기 위해 구체적인 활동 계획을 작성한다. 실패가 추진력에 도움을 주기 위해서는 어떻게 계획해야 하는가?

4) 여러분이 관찰하고 통찰한 내용을 일지에 적는다.

11

여러분은 세상을 거꾸로 사는가?

일반인의 기준으로 볼 때, '래리'는 놀라운 성공을 거두었다. 그는 결산이익이 연 5백만 달러나 되는 회사를 만들었다. 집, 자동차, 보트 등 일반적으로 성공한 사람들이 갖는 것들은 모두 있었다. 그러나 아무리 많은 돈과 재물이 있어도 결코 충분하지 않았다. 왠지 실패했다는 생각을 떨쳐버릴 수가 없었다. 성취감도 느끼지 못 했다. 학창시절 성적표에도 모두 A에 B$^+$가 하나만 있어도 실망하곤 했다. 아직도 아버지가 이렇게 야단치는 소리가 들리는 것 같다. "래리, 이게 뭐냐? 더 잘 할 수 있잖아!"

그의 모든 일도 마찬가지였다. 아무리 훌륭한 것을 성취해도 성취감은 늘 잠시 뿐이었다. 그는 자신을 늘 가치없는 존재로 여기면서 무엇을 성취하든 결국은 하찮은 것으로 생각했다. 항상 그에게는 올라가야 할 더 크고 가파르고 험한 산이 있었다. 그 산을 오르고나면 행복했다. 그러나 정상에서 느끼는 성취감은 잠시 뿐이고 성취해야 할 다른 것에 눈을 돌린다. 그는 분명히 다시 잠시 행복해질 것이다.

자신의 정체성과 행동을 지지하는 증거를 제공하기 위해 우리는 삶을 거꾸로 살아야 한다. 우리는 먼저 소유하고 다음에 행하고 그 다음에 어떤 존재가 되어야 한다고 믿는다.

우리는 지식, 재산, 재물을 소유해 우리에게 중요한 것들 즉, 사랑하는 사람들과 시간을 보내고 취미와 열정을 쫓는 일을 행해야 한다. 그리하여 우리가 좋아하는 이미지에 알맞는 사람이 될 수 있는 것이다.

이러한 비논리적이고 거꾸로 된 삶에 대한 접근은 우리 자신이 어떤 사람인지 뒷받침하는 많은 증거의 필요성에서 온다. 우리는 충분한 증거를 갖고 자신이 되기를 바라는 어떤 존재에 대해 합리화한다고 생각한다. 이러한 논리는 우리가 충분히 성취하지 못 했다는 것과 원하는 만큼 훌륭한 존재가 되지 못 했다는 증거를 찾을 수 있기 때문에 성취에 대한 만족감을 느끼지 못 하도록 한다. 이러한 접근법은 항상 뭔가를 행하게는 하지만 결코 이루지 못 하게 한다.

뭔가 되기 위해 할 필요가 있는 이러한 흐름과 비교해, 대신 여러분이 되기로 묘사한 존재를 선언하고 이에 따라 생활할 것을 고려하라. 이는 자신의 존재를 선언하는 데 필요한 증거가 없어도 용기있는 실존주의적 행동이다. 그것은 여러분이 되겠다고 결심한 사람이 되기 위한 적절한 행동을 하면서 그런 존재가 되는 것과 같다.

여러분이 어떤 존재이며 무엇을 하는가에 따라 자연스럽게 풍요로운 만족과 성취감을 제공해주는 자질과 일들을 갖게 될 것이다. 여러분의 생활은 자신이 선언한 것으로부터 흘러나온다. 아무런 증거도 요구되지 않는다. 여러분은 자신의 정체와 일에 의해 행동하는 힘을 얻게 된다. 그것은 또한 자신의 정체와 일과 일치되는 것들을 갖게 해준다.

여러분이 되기로 선언한 대로 생활한다.

1) 여러분은 인생의 어려운 시기에 자신이 원하는 인물에 대해 필요한 증거를 어디서 얻는가?

2) 새로 계발된 어떤 선언으로부터 삶을 선택할 것인가? 다시 말하면, 여러분은 어떤 사람이 되겠는가? 이것을 다음과 같이 힘찬 확신을 가지고 말해보라. "나는 · · · 이다"

3) 이 선언과 일치하는 것에는 어떤 행동들이 있는가?

4) 여러분이 새로 만들어낸 선언을 일지에 기록한다. 여러분은 어떤 사람으로 알려질지, 여러분이 하게 될 모든 행동 중에서

이 선언과 일치하는 것들을 열거한다.

12

대답보다는 질문을
하겠다는 결심을 하기

매우 부유하고 박식한 한 젊은이가 새로운 스승으로 삼을 현자
를 찾아 동방으로 왔다. 어느 날, 현자와 차를 마시며 이렇게 말했
다. "지혜로우신 스승님, 저는 여러 대학에서 많은 학위를 받고 제

가 모르는 것을 거의 가르쳐주지 못 하는 여러 어리석은 사람들에게 배우려고 고개를 숙였습니다. 이제 저는 스승님의 지혜를 배우고 싶습니다.”

현자는 몸을 기울여 젊은이에게 차를 따라주었다. 그런데 그만 뜨거운 찻물에 데이고 말았다. 그는 깜짝 놀라 소리쳤다. “이런 바보같은 늙은이! 지금 뭐하는 거에요? 뜨거운 차를 엎질렀잖소!”

현자는 차를 따르다 말고는 이렇게 말했다. “젊은이. 자네 잔이 빌 때까지 나한테 받을 자격이 없네. 돌아가서 다른 사람한테서 받을 여유가 생기거든 다시 오게.”

서구문화 속에서 우리는 답을 찾는 일에 빠져 있다. 무슨 질문이든 답에만 골몰한다. 그런 행동은 훨씬 가치있는 행동으로부터 우리를 멀어지게 한다. 어떤 관심사에 대한 대답과 더불어 오는 필요사항과 대조를 이루어 항상 열린 상태로 기꺼이 남아 있고자 하는 마음과 호기심은 우리에게 더 깊은 이해심을 갖도록 풍요롭고 지속적인 통찰력을 제공해준다.

질문을 쫓는 일에 조바심내는 것은 종종 우리가 모든 대답을 가지고 있지 않음을 부정하려는 데서 비롯된다. 어떤 분야에서 자신을 신참이라고 선언하는 것은 대답하지 않고도 모든 가능성과 결과를 적절히 탐구할 여지를 만들어준다. 더 많은 질문을 불러일으키는 일을 차단하는 해결책이나 대답을 찾아내는 것보다 가능성을 만들어내는 것이 더 생산적이다.

계속 질문함

문제에 대한 질문을 찾는 데 관심을 갖기 시작한다. 가능성을 열어놓고 계속 질문하도록 한다. 여러분이 일상생활에서 관찰하는 내용을 일지에 적는다.

"여러분의 잔에 다른 사람들로부터 받아들일 여지를 만들어 두기까지 모든 기여는 낭비일 뿐이다."

13

미래의 설계

'토마스'는 가난한 가정에서 태어났다. 그는 돌아가신 부모님이나 조부모처럼 가족의 미래가 사회복지 시스템에 달려 있음을 알고 성장했다. 토마스는 이렇게 탄식했다. "그것이 사는 방법이다. 모든 사람이 내가 가난 속에서 태어났고 그것에서 벗어날 수 없음을 알고 있다. 그것에서 벗어날 수 있다고 생각하는 것은 현실을 거부하는 것과 같다."

'셜리'는 중산층 가정에서 태어났다. 그녀의 목표는 좋은 사람을 만나 결혼해 아이를 낳고 사는 것이었다. 불과 17세에 임신한 셜리는 사랑하지도 존경하지도 않는 사람과 결혼해야만 했다. 그녀와 남편은 공통관심사도 거의 없었으며 서로의 선택에 의해 함께 사는 것이 아니었다. 자신들의 관계를 의무와 책임으로 바라볼 뿐이었다. 따라서 그들의 삶은 하나의 조용한 자포자기였다.

'댄'의 식구는 모두 지역 철강회사 노조원으로 일했다. 어릴 적부터 그가 기억하는 것은 언젠가 때가 되면 아버지나 할아버지처럼 지역노조 회원이 되는 것을 기대하는 것이었다. 그는 성장하면서 자연과 야외생활을 좋아하게 되었다. 그에게 이상적인 직업은 나무와 동물들이 있는 광야에서 일하는 것이었다. 그의 두 형들이 이미 그랬듯이 댄의 노조 가입을 모두 알고 있었다. 댄은 이 사실을 따르기로 했다.

대부분의 사람들에게 미래는 단지 과거의 연장처럼 보인다. 미래에 대한 기대는 과거의 존재와 일치한다. 변화가 있다면 약간의 향상이 수반될 뿐이다.

이와 대조적으로, 미래의 삶을 자신과 세상을 향한 약속의 실현이라는 가능성으로 고려해보라. 미래는 여러분이 기대하는 것에서 비롯될 것이다. 미래는 여러분의 결심에 달려 있다. 그것은 여러분이 창안해내는 가능성으로 살게 된다. 미래를 설계하고 건설하는 것은 전적으로 여러분 몫이며 그 결과 또한 여러분의 기대와 완전히 일치할 것이다.

〈마하Ⅱ의 속도로 열정에 불타는 당신의 머릿결〉의 저자인 리차드 브룩은 우리의 미래는 우리가 기대하는 것과 직접적인 관계가 있다고 말한다. 미래가 현재 상황보다 더 나쁠 것으로 생각한다면, 우리는 자신을 파괴하면서 자기성취적인 이 예언을 뒤집어엎을 것이다. 우리가 지금까지 경험한 것과 똑같은 결과 이상의 것을 기대한다면, 우리의 무관심은 이 기대와 일치하는 미래를 만들어낼 것이다. 결과적으로, 우리가 기대하는 미래가 현재 상황보다 낫기를 바란다면, 자기 동기부여는 우리가 내다볼 수 있는 긍정적인 결과를 낳게 될 것이다.

긍정적이든 부정적이든 우리의 기대가 자기성취적인 예언으로서 작용하는 것은 신인 마라토너가 레이스의 절반 정도까지 일단의 무리를 끌고 달리는 예에서 볼 수 있다. 그의 기대가 경기에 지는 것이라면 자신의 우승이 당치도 않다는 자멸적인 생각이나 출발할 때 운이 좋았다고 생각할 것이다. 이 기대는 그를 숨막히게 하고 긍정적인 기대를 하는 베테랑 선수에게 추월당하게 할 것이다.

이와 같은 원리가 인생이 투쟁과 고난이라고 생각하며 자라는 빈민가 어린이에게도 적용된다. 이러한 생각은 더 긍정적인 기대가 인생에 도움을 줄 수도 있다는 가능성을 못 보게 만든다.

우리는 기대하는 것을 얻게 된다. 여러분이 기대하는 미래는 전적으로 자신이 만들고 싶은 것으로 이루어진다. 의식적이든 무의식적이든 여러분은 주변에서 일어나는 모든 것에 끌린다는 사실을 인식하라. 인생에서 여러분이 있는 곳에 자신이 원하는 인간관계와 신체적, 재정적, 정서적, 영적인 것들이 존재하지 않는다면, 지금 당장 진로를 수정하라.

1. 기대하는 것을 바꾼다.
2. 여러분이 기대하는 것과 일치하도록 행동을 계획한다.
3. 어떤 방법으로로든 여러분의 노력을 지원해줄 수 있는 사람에게 도움을 요청한다.

우리들 각자의 미래는 가능성으로 존재한다. 우선, 우리가 긍정적인 결과를 기대하도록 자신을 훈련하고 그에 따라 행동한다면, 밝고 희망찬 내일을 만들 수 있다. 우리는 의도적으로 자신이 기대하는 것에 따라 미래를 창조할 수 있는 능력이 있다. 긍정적인 내일을 기대한다는 책임을 지고 우리의 비전을 말해, 다른 사람들이 그 가능성에 참여하고 행동하도록 만든다면, 우리는 그것을 실현시킬 힘을 갖게 된다.

파괴 사이클

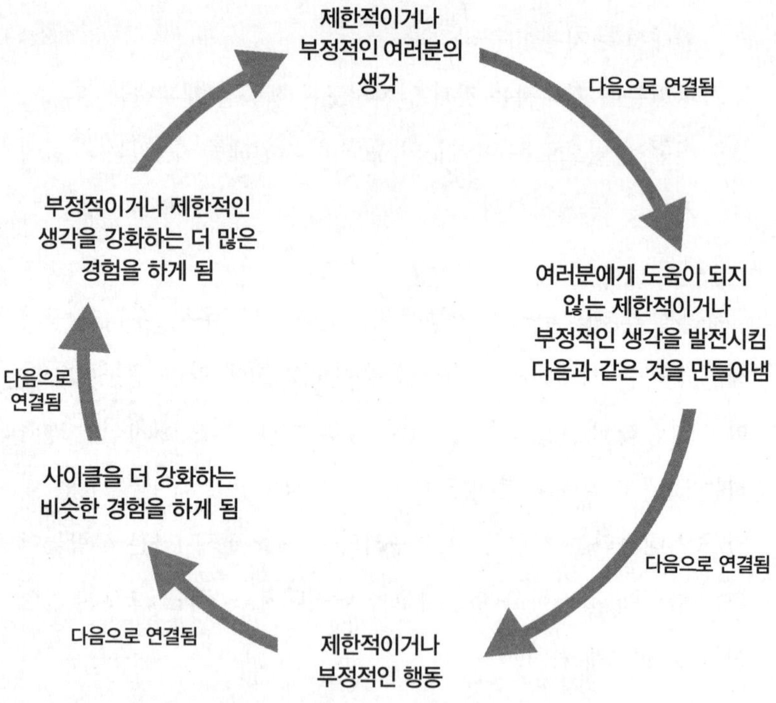

이러한 사이클은 계속되는 과정에서 추진력을 얻어 다른 방향으로 나아가게 되며 여러분은 결국 자신이 원하는 인물로부터 점점 멀어지게 된다.

미래에 대한 계획을 연습한다.

1) 건강, 번영, 관계 및 개인적인 발전 등의 분야에서 여러분이 기대하는 미래를 분명하고 구체적으로 일지에 적는다.

2) 어떤 것이든 여러분의 미래를 파괴하고 번영과 행복을 뒷받침해주지 못 하는 길로 되돌아가게 만드는 부정적인 기대들을 알아본다.

3) 기대하는 바를 성취하지 못할 경우 어떤 대가를 치르는가? 구체적으로 적는다.

4) 여러분이 관찰한 내용을 일지에 적는다.

14

가치관과 삶의 원칙을
존중함으로써
생산성을 극대화하기

창의력과 공헌은 '조'의 가장 중요한 가치관이었다. 그는 사람들
이 성공하도록 도움을 주는, 새롭고 들뜨게 하는 가능성을 생각해

내는 일을 좋아했다. 조는 창의력을 활용해 새로운 아이디어를 만들어 내는 일을 좋아했다. 또한 도전적인 과제를 제공하는 어떤 상황에서도 접근할 수 있는 혁신적인 방법을 고안해낼 때, 가장 생기를 느꼈다.

그러나 이러한 열정은 접하지 못 하고 재정적인 안정, 위신, 안전과 같은 가치의 이익을 제공하는 직업을 선택했다. 15년 동안 치과의사로서 그는 그토록 소중히 여기는 창의력과 공헌의 가치를 무시함으로써 무엇을 잃는지 깨닫지도 못한 채, 그의 직업을 충실히 수행해냈다. 결과는 뭔가 놓치고 있다는 느낌이었으며 "이것이 인생의 전부인가?"라는 체념과 감정의 피로감을 느낄 뿐이었다.

그의 가치관에 초점을 맞춤으로써 존중받지 못 하는 것과 중요한 것을 가려낼 수 있었다. 그리하여 그는 우선순위를 재조정하고 가장 가치있게 여기는 가치관과 일치하는 직업으로 바꿀 수 있었다. 오늘날 조는 다른 사람들이 자신의 가치관과 열정, 꿈을 깨닫도록 도우면서 살아가고 있다.

그 결과, 조에게 일은 놀이가 되었다. 그에게 중요한 가치관인 창의력과 공헌에 따라 생활하면서 열정은 개인적인 능력으로 그가 접근하도록 세상에서 나타나고 있다.

여러분도 짐작했겠지만 조의 이야기는 나 자신의 이야기이다.

우리는 모두 자신의 삶에 지침이 되는 몇 가지 규칙들을 갖고 있다. 대부분의 경우에 이 규칙들은 뒷마당에 존재한다. 종종 그것들이 깨어 있는 의식으로부터 숨겨질 때도 있지만 그것들은 우리의 기대와 상호교류를 형성한다. 중심이 되는 가치관과 이러한 규칙의 중요성을 무시한다면, 여러분은 그것들이 자신의 가치관이며 규칙이라는 사실을 깨닫지 못할 것이다. 그럼에도 불구하고 그것들은 존재한다.

그것을 깨닫는 데 반드시 나이가 도움을 주는 것도 아니며 어리다고 해서 그것을 발견하는 데 큰 장애가 되는 것도 아니다. 이러한 규칙이나 조건들을 발견하거나 깨닫는 것은 우리가 의도적으로 그리고 힘차게 앞으로 전진하는 데 필요하다. 우리가 기대하는 것 혹은 인생의 규칙들을 밝혀냄으로써 인간관계나 목표를 달성하는 데 그것이 어떻게 우리를 도와주거나 방해하는지 알아낼 수 있다. 자신이 소중히 여기는 가치관을 발견하는 것은 다음과 같이 질문해야 할 가치관 리스트를 보는 것처럼 간단하다. "이 가치관을 어기거나 아예 존재조차 하지 않았다면, 내 인생은 어땠을까?"

우리가 가치체계에 근거를 둔 인생의 규칙들을 어긴다면, 좌절, 분노 그리고 비효율적인 결과를 초래할 것이다. 반면, 가치관을 존중할 때, 우리의 삶은 제대로 움직일 것이다.

생산적인 존재가 된다는 것은 사람이 즐겨 행하고 가장 중요하게 여기는 가치관으로부터 오는 자연적인 상태이다. 생산성과 즐거움을 함께 갖는다는 것은 밀접한 관련이 있다.

필연적인 결과란 참으로 진실일 수 있다. 사람들은 즐겁지 않다면, 가치관을 존중하지 않을 것이고 생산성도 떨어질 것이다. 달리 말하면 다음과 같다.

"좋아하는 일을 하면 돈은 저절로 따라온다."

열정을 쫓음으로써 가장 생산적인 상태로 정신을 극대화시키게 된다. 좋아하는 일을 하는 것은 자신의 가치관에 따라 생활하는 가장 좋은 방법이다. 인생의 규칙을 명확히 밝혀내 진보시키고 최상의 삶을 위해 어떤 가치관을 존중하느냐의 문제는 개인적인 힘을 극대화시키는 결과를 가져온다.

〈The World Institute Group〉의 캐롤 맥콜은 '우리가 누구인가' 가 가치관의 핵심이 된다고 한다. 가치관에 따라 생활할 때, 최상의 상태에서 우리의 역할을 다하는 것이다. 이 중요한 가치관을 존중하지 않을 때, 우리는 분노하고 대화는 단절된다.

가치관의 몇 가지 예를 보자.

- 모험
- 창의력
- 인식
- 안보
- 기쁨
- 소속
- 흥분
- 평화
- 친밀
- 사랑
- 영성(靈性)
- 자유

- 행복
- 성실
- 안전
- 대화
- 힘

그 외에도 많이 있다.

위에 열거한 가치들을 깊이 생각해보자. 어떤 것들이 여러분의 활력과 행복 그리고 복지에 필요하다고 생각하는가? 어떤 것들이 존중되지 않거나 부족할 때, 화가 나거나 대화가 단절되는가? 없을 경우, 살 수 없을 것 같은 것은 무엇인가? 여러분이 참된 가치로 여기는 것과 일시적인 유행이나 지나가는 기분으로 여기는 것들의 차이를 구분한다.

여러분의 가치는 실천에 따라 발전한다. 가치관에 따른 생활에 주력할 때, 그것들은 존중되고 만족감을 줄 것이다. 그렇게 되면 이것은 여러분의 초점을 다른 가치관으로 이동시킨다. 만족스럽고 생산적인 삶의 열쇠가 되는 것은 중요시하는 가치관을 알아내어 그것들이 존중되고 있는지 확인하는 것이다. 여러분의 생활과 가치관이 일치될 때까지 삶은 언덕길을 오르는 힘든 투쟁과 같을 것이다.

가치관과 연결되는 인생의 몇 가지 규칙들은 다음과 같다.

- 내가 소속감을 느낀다면, 뭐든지 성취할 수 있다.
- 내가 바라는 최상의 존재가 되기 위해서는 열린 대화가 있어야만 한다.
- 다른 사람에게 공헌할 수 있을 때, 나는 가장 원기왕성해진다.
- 나의 가능성을 최대한 발휘하기 위해 창의력을 표현할 필요가 있다.
- 행동의 자유가 없다면, 인생은 살 가치가 없다.
- 행복할 때, 나는 힘이 넘친다.
- 내가 가치 있는 어떤 일을 성취하려면 다른 사람과의 거래는 성실함에 기반을 두어야 한다.
- 평온할 때, 나는 큰 일을 성취할 수 있다.
- 개인적인 능력에 접근할 때, 다른 사람과 나 자신에게 공헌하는 일에 집중한다.
- 안전하다고 느낄 때, 나는 뭐든지 성취할 수 있다는 자신감이 생긴다.

핵심 가치관과 인생의 규칙이 존중될 때, 여러분은 최대의 힘을 발휘하는 단계에 접어드는 것이다. 인생의 규칙을 충분히 자각하지 못할 때, 여러분은 그 규칙들을 쉽게 어기게 된다.

남의 삶의 규칙을 제대로 이해하지 못할 때, 사람들은 싸우게 된다. 이때 여러분의 가치관과 그 작용법을 알려주면 다툼은 해결된다. 여러분을 대하는 방법을 가르쳐줄 때, 여러분은 자신의 개인적인 능력에 더 접근하게 된다. 마찬가지로, 다른 사람의 중요한 가치관과 생활 규칙을 더 잘 이해할수록, 여러분은 더 훌륭히, 더 힘차게 그들과 일할 수 있다.

여러분 자신의 가치관을 존중하고 생활 규칙과 조화로운 생활을 한다.

1) 가장 중요한 4가지 가치를 적는다.

2) 충분히 존중받는 것과 그렇지 못한 것은 무엇인가?

3) 어떤 생활 규칙들이 각각의 가치와 관련 있으며 그것들은 어느 정도 존중되고 있는가?

4) 이러한 가치관과 생활 규칙을 존중하지 않은 것이 여러분의 행복과 생산성에 어떤 영향을 미쳤는가?

5) 지금은 존중되지 않는 다른 가치를 존중하기 위해 어떤 구체적인 행동을 취할 것인가? 그리고 언제까지?

6) 이 질문에 대한 답들을 일지에 기록한다.

15

과거 청산

'수'는 '짐'과 사랑에 푹 빠져 있었다. 둘은 고등학교 때 만나 8년 동안이나 교제했다. 주위 사람들은 그들이 결혼해 행복하게 살 것으로 기대했다. 그런데 짐이 '캐런'을 알게 된 것이다. 수뿐만 아니라 아무도 무슨 일이 일어났는지 눈치채기도 전에 짐은 수의 모든 꿈과 기대에 종지부를 찍고 캐런과 함께 잠적해 버렸다. 수는 망연자실했다. 수는 짐과의 행복하고 보장된 삶을 어떻게 그렇게 완전히 빼앗길 수 있는지 이해할 수 없었다.

수는 다른 남자들과 데이트를 해보았지만 짐을 잊을 수는 없었다. 수는 짐이 언젠가 다시 돌아오리라는 꿈을 갖고 하루하루를 보냈다.

여러 해가 지나고 결국 수는 다른 남자와 결혼했다. 그러나 남편은 짐보다 못 했다. 수의 결혼생활은 불행했다. 불행한 몇 년을 보낸 후, 남편도 수를 떠났다.

수는 자신이 받은 상처에 울분을 못 이기고 여생을 외롭게 보냈다.

사람들은 뜻대로 안될 때, 걱정하거나 흥분하게 된다. 과거에 집착하는 것은 에너지를 소모시키고 괴롭힌다.

여러분도 수처럼 과거에 집착해 살아간다면, 현실에서 온전할 수 없을 것이다. 몸은 현재에 있지만 과거를 청산하지 못 했기 때문에 집중해야 할 에너지가 분산되고 만다.

과거 청산 없이 인생이 제시하는 모든 문제에 전력을 다하기란 불가능하다. 새로운 경험을 새로운 시각으로 받아들이는 대신, 전에 해결하지 못한 문제의 수렁으로 빠져들게 된다.

우리에게는 과거를 청산할 기회가 매일 주어진다. 해결되지 않은 문제를 해결하고 청산되지 않은 문제의 주인공과 반드시 대화하겠다는 결심을 함으로써 과거를 청산할 수 있다. 해야 할 말을 하고 해야 할 일을 함으로써 우리는 활기찬 미래를 계획하는 동시에 현실에 초점을 맞추어 에너지를 쏟을 수 있는 것이다. 그렇게 할 때, 사람들은 더이상 감정적인 부담을 갖지 않는다. 적당한 사람들과 분명한 대화를 나누고 남아 있는 의견이나 감정, 불화, 정서를 모두 없애버리는 것은 인생의 장애물이 될 만한 잔재를 깨끗이 없애버리는 것이다. 더이상 할 말도, 할 일도 없어지고 해결되지 않은 문제에 에너지를 낭비할 필요가 없을 때, 여러분은 새롭게 출발할 수 있다.

완수했다는 것은 현재에 만족한다는 것이며 다음 단계를 향해 나아갈 준비가 끝났음을 선언하는 것이다. 일을 완수했을 때, 여러분은 더이상 과거의 어떤 것을 변경하거나 걱정하거나 고칠 필요가 없다.

하루를 마감하면서 매일 그 날의 일을 완수했다고 선언하는 것은 가치 있는 일이다. 그러한 선언은 성취했다는 사실을 스스로 인식하도록 해주고 정신이 편안히 쉬도록 해, 다음날을 새롭게 시작하게 해준다. 뭔가를 완수하면, 새로운 활력을 경험하게 된다. 그것은 여러분을 가장 생산적인 사람으로 만든다. 또한 앞으로 어떤 일이나 기회가 오더라도 그에 대비할 수 있도록 해주는 특별한 확신과 흥분된 마음을 갖게 한다.

그러나 대부분의 경우, 우리는 모든 것을 떨쳐버릴 만큼 충분히 대화하고자 하는 마음이 없기 때문에 그 정도로 자유로운 수준까지 결코 이르지 못 한다.

일의 완수를 일의 완료나 중단과 혼동하지 말라. 일을 마쳤다는 것은 어떤 일이나 임무의 마지막 단계를 해냈음을 의미한다. 중단한다는 것은 일의 완료와 상관없이 하던 일을 그만두는 것이다. 옳지 못한 이유로 일을 중단할 경우, 지지받지 못할 때가 있다. 예를 들어, 실패에 대한 설명을 받아들일 수 없다거나 여러분에게 적절

하게 보이는 것에 대해 책임지지 않겠다는 이유 때문에 중단하는
경우다.

우리가 사는 사회에서는 일을 중단하는 사람들을 받아들일 여지
가 거의 없지만 결정을 내린 결과에 대해 분명한 태도를 가지고 있
다면, 이는 더이상 불명예가 아니다. 해야 할 일은 책임감 있는 태
도로 사실을 말하고 그 다음에 해야 할 일이 어떤 것이든 계속하는
것이다.

일을 완수하라.

1) 여러분이 아직도 분노하거나 도전하려고 하거나 해결되지 않
   은 문제가 있는 모든 사람의 리스트를 만든다.

2) 30일 이내에 그들에게 말을 걸어보라. 이미 사망했거나 연락
   이 닿지 않는 사람들에게는 과거를 청산하는 편지를 써라. 더
   이상 과거의 감정이 없다고 써라. 개별적으로 연락할 필요가
   있는 사람에게는 가장 좋은 대화법을 찾아 실행하라. 어떤 사
   람에게는 전화나 개인적인 방문으로 마무리짓지 못한 일이나
   대화를 해결해야 한다. 개인적인 접촉을 재개하는 것이 바람
   직하지 못 하다면, 무슨 말이든 필요한 말을 편지에 쓰도록
   하라. 아무 것도 숨기지 말라. 여러분의 마음 속에 품어온, 대
   화를 단절시켰던 모든 말을 하도록 하라. 편지쓰기를 마쳤을
   때, 아직도 마음 속에 품은 원한이나 분노, 슬픔을 용서했는
   지 확인한다. 그것은 그의 행동을 묵과해도 좋다는 의미는 아

니다. 다만 여러분은 더이상 과거에 얽매이지 않고 확신을
갖고 미래를 계획할 수 있다고 결심한 것이다. 그 편지를 반
드시 보낼 필요는 없다. 일을 완성했을 때의 힘은 억압된 감
정을 해소하고 인생에서 계속 전진하고자 하는 결심을 하면
서 상호 간의 문제를 그대로 두든가 아니면 완전히 해결하는
여러분에게 주어질 것이다.

3) 매일 경험하는 상호 간의 문제에 대해 여러분은 그것을 만족
스럽게 성취한다는 의미에서 완성하는지 자문해 본다. 해결
해야 하거나 아직 완수하지 못한 일이 남아 있는가?

4) 각 상황이 종료됐다고 선언하면서 그 다음에 탐구할 행동과
사업 또는 분야를 살펴본다.

5) 여러분이 중단했던 분야가 있는지 살펴본다. 중단하기로 결
심했던 것에 대해 진실을 말한 적이 있는가? 그것에 대해 누
군가에게 할 말이나 할 일이 남아 있는가?

16

자신이 모방하고 싶다고
선언한 인물처럼 생활하기

미국의 여배우, 오페라 가수, 작가이자
1944년~1950년 캘리포니아주 하원의원

헬렌 가하간 더글라스

우리의 인생은 매일 자신을 새롭게 만들어가는 과정의 결과다. 너무도 자주, 사람들은 자신이 만들어낸 잘못된 생각에 따라 살아간다. 우리는 각자가 많은 시도와 경험과 교훈의 결과로 자신이 누구인지 알아내야 한다고 믿는다. 이러한 견해는 우리의 인생이 어떤 것이든 그것을 수동적으로 받아들이고 그에 따라 자신도 그렇게 되어야 한다는 것을 당연한 일로 여기게 한다. 그것은 우리를 희생자로 만든다. 또한 행동하지도 책임지지도 않으며 자신이 누구이고 어떤 인물이 될 것인지 계획하지 않은 것에 대해 변명할 이유를 주게 된다.

즉, 인생이란 교훈 없이 주어진다는 말이다. 우리는 분명 생활 속에서 성장하고 지식을 얻는다. 그러나 우리는 다음에 자주 올 어려움이나 문제가 처리될 것을 기대하면서 우유부단하게 인생을 살아간다.

이것을 반대 상황과 비교해보라. 즉, 여러분이 모방하고 싶다고 선언한 사람처럼 생활하고 자신을 계속 재발견하는 것이다. 목적을 가지고 인생을 설계하겠다는 의도로 살아갈 때, 여러분은 자신을 바라보는 이미지와 일치하는 행동을 하게 될 것이다. 어떤 인물이 될 것인지 결정하는 순간, 여러분은 그 모습에 일치하는 행동을 하게 된다. 성장하면서 그 인물에 가까워질수록, 그 사람처럼 된다. 완성 지점에 도달하는 일은 결코 없을 것이며 오직 선언한 대로 되기 위해 새롭고 힘차게 지속적으로 노력하는 과정만 있을 뿐이다.

자신이 선언한 대로 생활한다는 것은 개념을 경험으로 단순히 전개시키는 것이다. 사랑을 표현하고 동정심 많은 사람이 되는 것과 같이, 여러분이 높이 평가하는 가치를 지녀보라. 그러한 가치는 경험하기 전까지는 단지 멋진 아이디어처럼 개념으로서만 존재할 뿐이다. 그것을 실행에 의한 가치로 경험해 보고자 할 때, 전혀 새로운 의미를 지니게 된다. 다른 사람을 사랑하거나 동정하는 것을 행동으로 나타내 보이기 전까지 여러분은 사랑에 대한 경험이 아니라 사랑이라는 개념만 있을 뿐이다. 이는 여러분이 아직 그것을 중요한 원리로 완성시키지 못 했으며 지금까지 경험하고자 하는 것의 진가를 터득하지 못 했다는 말이다.

가치관에 관한 지식이 경험으로 전개되듯이 경험은 존재로 전개된다. 존재란 어떤 것을 얻는 일의 궁극적인 결과, 어떤 특성을 소유하게 될 때까지의 경험을 말한다. 이것은 곧 어떤 것에 관해 정통하다는 것이며 경험의 이면에 있는 개념을 종합적인 가치로 구체화하는 것이다.

인생의 경험은 종종 실제로 나타나는 것과 다르다는 것을 잘 아는 현명한 농부가 있었다. 그에게는 마을에서 가장 아름다운 암말이 있었다. 어느 날 어떤 사람이 우리문을 열어 놓아 말이 도망치고 말았다. 마을사람들이 "안됐네요"라고 말하자 현명한 농부는 이렇게 대꾸했다. "안됐는지 잘됐는지는 두고 봐야죠." 며칠 후, 그 암말은 여러 마리의 멋진 야생 종마를 데리고 돌아왔다. 마을사람들은 농부의 행운을 보고 놀랐다. 현명한 노인은 다시 이렇게 말했다. "잘된 일인지 안된 일인지 두고 봐야죠."

하루는 농부의 외아들이 마당에서 야생마를 길들이고 있었다. 그러다 말에서 떨어져 어깨를 다치자 사람들은 다시 "안됐군요"라고 말했다. 농부는 또 습관처럼 이렇게 말했다. "안됐는지 잘됐는지는 두고 봐야죠." 일 주일 후, 전쟁이 나자 건장한 남자들은 모두 징집되었다. 아직 치료를 받고 있던 농부의 아들을 제외한 모든 젊은이들이 전쟁터로 불려나갔다. 전쟁터에 나간 젊은이들이 모두 전사하자 마을사람들은 다시 농부에게 말했다. "아드님이 어깨를 다쳐 목숨을 구했으니 잘된 일이군요." 이야기는 계속된다.

잘됐다, 안됐다 혹은 옳다, 그르다라는 것은 우리가 경험하는 일에 부여하는 해석일 따름이다. 서로 상반되는 모든 것이 그렇듯 우리는 어느 한 쪽만을 취할 수는 없다. 마찬가지로, 건강과 질병은 서로 상반되는 것이지만 우리에게 둘 다 경험하게 해준다. 어느 한 쪽은 모른 채 다른 쪽만 경험할 수는 없다. 아래를 모르고는 위를 알 수 없고 오른쪽을 모르고는 왼쪽을 알 수 없으며 나쁜 것을 모르고는 좋은 것을 알 수 없고 슬픔을 모르고는 행복을 알 수 없는 것과 같은 이치이다.

인생에서 우리가 경험하는 모든 것은 자신을 만들어내는 도구가 된다. 주어진 상황에서 어떤 인물이 될 것인지 결정하는 기회와 함께 인생에서의 경험은 전적으로 우리에게 달려 있다. 인생이 우리에게 제시하는 상황 속에서 희생자가 되기 보다는 인생의 도전에 어떻게 대처하고 그 도전으로 인해 어떤 영향을 받든 책임을 지는 사람이 되어야 한다. 도전에 응하는 우리의 태도는 우리가 되기로 한 인물을 정의하는 기회가 되기도 한다.

현재 여러분은 어떤 인물이 되기로 했으며 어떤 것들을 떨쳐버리기로 했는지 가려내기 위해 다음의 분야를 분석한다.

- 성실도
- 결심하고 실천하는 능력
- 모든 상황에서도 기꺼이 진실을 말함
- 시간을 엄수하고 신뢰할 수 있는 사람이 된다는 각오
- 다른 사람을 존중하고 그들에게 감사함
- 감사를 표현함
- 솔선수범함
- 정열적으로 생활함
- 자신의 직감을 믿음

책임감 있게 생활한다는 것은 주변에서 나타나는 모든 것의 근원이 우리 자신이라고 해석하는 것을 의미한다. 어떤 단계에서 우리는 그것이 무엇이 되었든 이유가 있기 때문에 끌어들인 것이다. 마찬가지로, 끌어들인 것이 우리에게 소용없다고 판단될 경우, 다른 뭔가를 끌어들일 능력이 있다. 우리는 자신의 생활에서 모든 것을 나타내 보일 힘이 있다.

만일 우리가 끌어들이는 것 즉, 결핍, 병고, 분노, 외로움 등이 되기로 한 인물에 별 소용이 없다면, 우리는 다른 방법을 선택할 수 있다. 우리가 닮겠다고 결심한 사람의 프로필과 일치하는 것들을 나타내 보이는 것은 우리에게 달려 있다. 자신을 재발견할 용기가 있다는 말은 그럴 능력이 있다는 뜻이다.

물론 일단 결정하고 나면 행동이 뒤따라야 한다. 이 이야기를 들

어보라. 옛날 신앙심 깊은 사람이 큰 강둑에서 살고 있었다. 어느 날 홍수가 나자 주민들은 대피 통보를 받았다. 모두가 대피했으나 그만 남아 이렇게 말했다. "하나님을 믿는 신앙심이 나를 구원해 줄 것이오. 그가 대비하실 것이오." 거리가 물로 넘치자 배 하나가 다가와 그에게 타라고 했다. 그러나 그는 또 거절하면서 이렇게 말했다. "떠날 필요가 없소. 나의 믿음이 나를 구해줄 것이오." 다음 날 물이 건물 1층까지 올라왔을 때, 구조대원들이 모터보트를 타고와 대피하라고 했다. 그러나 이번에도 역시 거절하면서 말했다. "나의 신앙심이 나를 구원할 것이오." 강물은 계속 불어나 집이 완전히 물에 잠겼다. 헬리콥터가 날아와 지붕 위에 있는 그에게 사다리를 내려주었다. 이번에도 그는 신앙심 운운하며 대피를 거부했다.

얼마 후, 이 독실한 사람은 천국의 문에 있는 자신을 보고 자신이 익사했음을 깨달았다. 화가 난 그는 천사에게 다가가 이렇게 말했다. "어떻게 된 거요? 왜 내 신앙심이 날 구하지 못 했죠?"

천사는 들고 있던 명부를 보면서 말했다. "여기 기록을 보면 보트가 두 번, 헬리콥터가 한 번 보내졌군요. 뭘 더 원하시나요?"

행동이 수반되지 않는 믿음은 자기기만이다.

자신이 선언한 대로 생활한다.

1) 건강, 부, 인간 관계, 개인적인 발전, 직업과 오락 등 어떤 분야에서 자신이 모방하려는 인물이 되는 데 도움이 안 되는 것

들을 끌어들이고 있는가?

2) 이 순간부터 각 분야에서 여러분이 되기로 선언한 인물의 특성을 구체적으로 요약하는 자세한 설명서를 작성한다.

3) 이러한 이상적인 관점에서 생활한다면, 직장에서의 이상적인 하루는 어떤 것일까? 어떻게 하면 이상적으로 노는 것일까?

4) 여러분의 이상적인 생활을 자세히 그려본다. 이 일을 실현시키는 데 필요한 구체적인 조치는 무엇인가? 여러분이 선언한 것에 따라 이상적인 생활을 하도록 지금 결정한다.

5) 여러분이 경험한 것을 일지에 기록한다.

17

의도적인 생활과 대화

'게리'는 다른 사람을 이끌 줄 아는, 이지적이고 창의적인 사람이다. 그러나 대인관계에서는 거만하고 자기중심적이라고 평가받는다. 이 때문에 그의 말은 결코 긍정적인 의도로 전해지지 않으며 긍정적인 영향을 받을 수 있었던 사람들조차 등을 돌린다.

게리는 자신을 솔직한 사람이라고 생각한다. 그가 다른 사람을 만나는 것이 얼마나 힘든 일인지 거의 깨닫지 못 한다. 사람들은 그가 말하는 내용 때문이 아니라 말하는 방법 때문에 멀리 가버린다.

만일 게리가 자신의 말이 어떻게 거부감을 주는지 다른 사람의 견해를 듣고자 한다면, 말하는 스타일을 바꿀 수 있을 것이다. 이는 그의 영향력을 극적으로 증가시키는 것이다.

우리가 하는 말이 다른 사람에게 미치는 영향에 관심을 갖지 않는 것은 마치 테니스 선수가 공이 떨어질 지점도 생각하지 않고 무작정 치는 것과 같다. 날마다 우리는 우리도 모르는 사이에 자기 자신을 망치는 대화를 나누고 있다. 우리는 긍정적인 에너지와 이미지를 전하지 못 하는 메시지를 보내는 데 힘을 낭비하고 있다.

우리는 자신이 하는 말에 주의하지 않아 의도와 달리 타인에게 미치는 영향이 적어진다. 이는 대화 도중 집중하거나 눈을 쳐다보지 않아 말을 중단시킬 수도 있다. 거기에는 우리가 말하는 내용과 방법, 전하고자 하는 에너지가 포함된다.

우리는 자신의 말을 좀더 잘 인식함으로써 자신이 받는 평가를 극적으로 개선할 수 있다. 계획적인 행동과 역점을 둔 말을 통해 우리의 영향력은 매우 커질 것이다. 매순간 자신이 어떤 존재인지, 무엇을 하고 있는지, 또 어떻게 대화하고 있는지 깨닫는 것은 다른 사람의 눈에 보이는, 우리 자신에 대한 책임의 결과일 것이다.

활기차게 생활하고 이 활기를 전하는 대화의 열쇠는 "이 대화는 내가 되고자 하는 인물을 반영하는가?"라는 질문에 대한 마음 속의 대답에 달려 있다. 여러분의 태도, 도덕, 바디 랭귀지부터 언어와 습관, 에너지에 이르기까지 주위의 모든 것은 여러분의 인물상에 영원히 영향을 남긴다.

의도를 가지고 생활하고 대화하기

1) 여러분의 의도대로 다른 사람을 만나고자 하는지 판단하기 위해 여러분이 하는 말과 다른 사람이 하는 대답에 주의를 기울인다. 여러분이 하는 말에 대해 정기적으로 피드백하기를 요구한다. 몇 명의 코치를 선정해 어떤 말이 효과가 있었으며 대화에 포함되었을 때, 더 큰 효과를 줄 말을 피드백한다.

2) 대화가 끝날 때마다 다음 질문에 대답함으로서 1(효과 없음)부터 10(강한 영향)까지 점수를 매긴다.

- 나는 자신이 되고자 하는 사람으로서 효과적인 대화를 했는가?
- 나는 의도적으로 가치 있는 뭔가를 기부했는가?
- 나는 다른 사람의 세계에 있는 것을 이해하고 있는가?
- 나는 권위적이거나 남에게 거부감을 주었나?

3) 여러분은 더욱 효과적인 대화를 위해 어떤 분야를 계발할 것인가?

18

최대한의 상황 활용

'폴'은 뛰어난 학생이었다. 명문 대학의 학과에서 상위 2% 안에 들었지만 가족을 부양하기 위해 어쩔수 없이 자퇴해야만 했다. 그도 모르는 사이에 아내는 셋째 아이의 출산을 기다리고 있었다. 점점 많아지는 가족을 더욱 열심히 부양하기 위해 근처 공장에서 일하기로 했다. 시간 당 8달러를 받았지만 더 벌기 위해 초과근무로 주 25시간을 더 일할 수 있음을 알았다. 물론 대학을 졸업하고 보수가 더 좋은 직장을 구할 수도 있었지만 매일 시달리는 생활 외는 내다볼 수도 없었다.

폴은 그 후로 40년 간, 1년에 3주의 휴가와 은퇴할 날만 기다리며 일했다. 그는 더 나은 인생 계획을 세우지 못한 대가를 치르는 것에 무감각했다. 자신이 선택한 것을 적절히 평가하고 가족을 부양하고 인생에서 더 나은 삶을 누릴 방법을 찾는 데 실패했다.

  개인적인 능력에 접근하는 첫 번째 단계는 현재 자신이 처한 상황을 평가하는 것이다. 인생의 구체적인 계획이 정확할 때, 미래 설계를 위한 조치도 결정할 수 있다. 여러분의 힘은 자신의 현재 위치로부터 목표 지점으로 이끌어주는 활동 계획을 계발하는 데 있다. 여러분은 더이상 멍하니 앉아서 바라지만은 않을 것이다.

  어떤 상황이든 그 실체를 받아들이는 것은 자신의 선택을 충분히 깨닫고 다음 단계로 나아갈 준비를 하는 것이다. 반대로, 상황이 정해져 있다는 관점에서 인생을 사는 것은 자신의 의견과 인생이 뜻대로 되지 않는 이유에 대한 판단과 평가 속에 여러분을 가둬버리고 결단성 있게 행동하는 힘을 빼앗아가는 것이다. 선택에 의해 행동하는 것은 인생과 활력과 건강을 뒷받침해 준다. 책임감 있는 행동은 인생에 반작용을 일으킨다. 책임감 있는 행동은 진정으로 의식적인 선택에 대해 책임지는 것이 아니다. 그 결과, 여러분은 자신의 목표와 기대에 부응하기 위해 미래를 계획하는 사전 행동을 하지 않게 된다. 그 대신 마지 못해, 때로는 분개하며 다른 사람의 소망과 기대에 따라 행동한다. 여러분에게 효과가 있는 대화에 대해 책임지는 일과 의도와 목적을 가지고 미래를 계획하는 일에 실패할 때, 여러분은 다른 사람의 요구와 기대의 지배를 받는 희생자가 된다.

　과거를 청산하고 미래를 향한 긍정적인 기대에 기반을 둔 행동 계획은 생산성과 힘을 지니도록 도와준다. 여러분이 처한 상황에 대한 사실들을 분석하고 구체적인 행동 계획을 정하라. 지금까지 여러분 인생의 문제점들을 걱정하거나 불평하는 데 정력을 낭비하지 말라. 과거는 지나갔으며 자신의 운명을 전혀 새로운 방법으로 지배하게 하는 현시점까지 오게 됐다는 해석을 받아들여라. 과거가 여러분의 탁월함과 행복을 유지시키지 못 했다면, 미래는 과거를 닮을 필요가 없다.

　여러분은 현재 분명한 의도와 목적을 갖고 계획된 인생에서 결실을 맺게 하는 계획에 필요한 도구를 가지고 있다. 기꺼이 그 일을 하든지 여러분이 택한 모든 결정에는 결과가 따름을 알고 그 일을 하지 않도록 하라. 어떤 일을 불평하거나 다른 각도로 생각하기보다는 실행 여부를 선택하고 그 결과를 받아들여라. 그리고 그것을 변화시키기 위한 사전조치로 뭔가를 하라. 불평하지 말고 여러분을 위해 다음 단계로 전진하라.

선택할 권리를 행사하라.

1) 미래 예측이 여러분을 어디에 가둬두는가?

2) 어떤 상황이든 그것을 받아들여라. 그리고 여러분을 위한 특별한 다음 단계를 알아낸 후, 미래를 위한 긍정적인 기대와

계획을 과감히 실천하라.

3) 여러분의 계획을 일지에 기록하라.

19

자신을 알고 인생에서의 체념을 극복하기

미국의 시인

- 로버트 프로스트

앞의 예에서, 폴은 자신의 선택을 최대한 활용하는 방법을 찾는 대신, 보수는 신통치 않은 공장일에 안주하기로 했다. 복학 후, 학위를 받고 더 나은 직업을 얻는 대신, 공장에 머물기로 한 것은 바로 체념이었다. 학교를 그만둬 앞으로의 기회를 잃었다. 상황을 호전시킬 대안을 찾는 대신, 그는 자신이 내린 결정을 감수했다. 폴은 더 나은 길을 택할 판단력을 잃었다. 그는 불행한 상황에서 어쩔수 없는 희생자가 되었다. 상황을 바꿀 능력이 없던 폴은 열정, 책임, 성취감 등이 없이 살았다.

자신의 입장을 더 잘 이해하기 위해 다른 사람에 대한 분명한 생각을 살펴보라. 인간관계에서 무엇에 초점을 맞추든 그것은 대개 우리에 관한 사실들이다. 특별한 사실과 다른 사람들에 관해 가장 성가신 것을 살펴보라. 바로 여러분 자신의 문제들이다. 자신에 관해 살펴봐야 할 것이 남들에게 있다.

생활 주변의 문제들은 실제 상황들과는 아무 관계도 없다. 상황 해석은 여러분의 지각능력을 관장한다.

우리는 보이지 않는 체념 속의 희생자가 되면서 다른 선택은 못한다. 자신의 삶 가운데 싫은 부분에 대해 무감각해지고 결국 이를 당연한 것으로 받아들이게 된다. 세상일이란 그런 것이고 그것을 변화시킬 힘이 없다고 생각한다.

이것을 자연발생적인 생명력과 어린이들이 지닌, 뭐든지 가능하다는 태도와 비교해보라. 많은 어린이들은 우주비행사나 대통령이 되고 싶어한다.

세월이 흐르면서 우리는 믿음을 잃어간다. 대부분의 성인들은 깊은 체념 속에서 살아간다. 스스로를 과소평가할 때, 작은 상자의 상태에 만족하고 곧 모든 것을 너무 편안하게 느끼고 자기집처럼 친숙하게 여긴다. 마치 놀만 커즌스가 "인생에서의 진정한 비극은 죽음이 아니라 살아있으면서 우리 내부가 죽어가는 것이다"라고 말했듯이.

체념이란 안전하게 활동하고 그 영역이 낯설거나 위협적으로 느껴질 때, 중단하는 것이 특징이다. 그것은 단순히 실패의 가능성만 보여도 위험보다는 안전을 택한다. 체념은 안전지대 밖에서 노는 위험을 감수하는 대신, 오직 여러분이 알고 있는 범위 내에서 생활하고 말하는 습관으로부터 온다. 자신에게 초점을 맞추는 대신, 계속 성장하고 발전할 각오로 생활할 때, 여러분의 걱정은 사소해 보이고 더욱 강한 각오로 다룰 수 있게 된다.

언제든 체념을 하게 되면 자신의 능력을 향한 전진에 책임지는 것이 아니다. 여러분의 대화는 막혀버린다. 여러분은 자신을 유능하고 강한 사람으로 여기지 않는다. 체념은 가능성 탐색에 눈이 멀어버린다. 마치 오즈의 마법사에서 도로시처럼, 우리는 언제든지 우리가 원할 때, 꿈에 그리는 캔자스 집으로 돌아갈 수 있음을 깨닫지 못 한다. 부적합한 상황을 변화시킬 책임과 능력이 전적으로 우리에게 있음을 깨달아야 한다.

체념을 극복하고 신중히 생활한다.

1) 인생의 어느 지점에서 체념하거나 정착했는지 생각해보자.
2) 왜 체념했는가?
3) 변신에 부적합하거나 능력이 없는 것으로 보이는 부분은 무엇인가?
4) 이 거짓된 자기이미지를 바꾸기 위해 여러분은 오늘 어떤 과감한 행동을 취할 수 있는가?
5) 체념 상태에 영향을 줄 여러 가능성들을 코치와 함께 생각해낸다. 여러분의 생각을 일지에 기록한다.

20

불평할 것인가,
다른 뭔가를 할 것인가

여러분은 불만을 토로하거나 누군가를 곤경에 빠뜨리는 자신을 볼 수 있는가? 불평이 반드시 부정적인 것은 아니다. 잘 쓰면, 강력한 도구가 될 수 있다. 불평은 여러분이 싫어할, 약간 답답한 상황의 개선에 정당하고 효율적일 때도 있다.

불평은 성실성을 회복시키는 기회가 되기도 한다. 상황을 개선할 수 있는 사람이 불평할 때, 그것은 필요한 조치의 자극제가 될 수도 있다. 그것이 무엇이든 불평은 빠진 것을 채워넣음으로써 인간관계에 대해 다시 생각케 하고 활력을 불어넣는다. 그것은 동반관계를 강화시키고 오해를 푸는 데 도움이 될 수도 있다.

그러나 문제를 해결하기 위해 아무 조치도 취하지 않으면서 불평만 늘어놓는다면 아무 소용도 없다. 불평 해결 능력이 없는 사람에게 불평을 늘어놓는 것은 여러분의 시간은 물론 그들의 시간까지 낭비하는 것이다. 이렇듯 비생산적이고 자기기만적인 행동을 중단하기 위해 뭔가를 실천하는 것은 개인적인 힘을 증가시키는 데 많은 도움이 된다.

먼저 두 종류의 불평(complaining과 griping)에 대해 살펴보기로 하자. 사전에 어떤 사람과 약속한 것이 있는데 그 사람이 그 약속을 지키지 않았을 때 하는 불평을 'complaining'이라고 한다. 사전 약속은 없었지만 어떤 사람이 여러분을 불쾌하게 했을 때 하는 불평을 'griping'이라고 한다.

따라서 불평이 생기면 먼저 사전 약속이 있었는지 알아본다. 다음에는 약속이 지켜지지 않았는지 살펴보고 마지막으로 문제를 언급하고 개선을 위한 조치를 요구하는 대화가 있었는지 알아본다. 앞으로 비슷한 문제가 재발하지 않도록 예방하기 위해 필요한 것은 더욱 분명한 이해일 것이다. 꼭 불평해야 할 경우, 문제를 해결하는 데 도움이 되는 사람에게 한다는 것을 기억하라.

반면, 사전 약속이 없는 사람이나 일에 대해 불평해야 할 경우, 그 문제를 해결하는 데 여러분이 앞장설 수 있는 요구나 대화가 있었는지 살펴본다. 브릿지퀘스트의 마이크 스미스가 말한 바와 같이, 여러분이 다른 사람 불평을 하거나 그들을 곤란하게 할 경우, 다음 중 하나가 아닌지 살펴보라.

- 험담
- 거짓말
- 실수를 감추려 했거나 불성실할 때
- 지키지 않은 약속을 했을 때
- 어떤 일에 대해 책임지지 않을 때

종종 우리의 인간성은 우리 자신으로부터 그런 행동을 받아들이지 못할 때가 있다. 그 결과, 우리는 그 일들을 불평이라는 형태로 돌려세워 다른 누군가를 곤란하게 만든다.

제자리에 머물러 있는 상황에 대해 계속 불평할 때면, 대개 상황을 그대로 놔둔 대가를 받게 된다. 이런 것을 깨닫지 못할 때, 그것은 여러분의 인생을 조종하고 힘을 빼앗아간다. 그 사실을 알고도 그대로 내버려둔다면, 여러분은 책임을 회피한 것에 대해 죄책감을 느낄 것이다. 이런 죄책감은 여러분의 불평을 해결하지 않고 상황을 고착시키고 그로부터 받는 대가가 더 많아질 때, 일어난다.

그것은 상황을 고착시킨 대가를 인정함으로써 그것을 해결하는 데 충분한 자극제를 만들어낼 수 있다. 불평이란 위장된 요구 이외에 아무 것도 아니다. 그러므로 불평하기보다는 어려운 상황을 해결하는 데 여러분의 힘을 빌릴 요구 사항이 있는지 알아봐야 한다.

생활 속에서의 모든 불평은 어떤 사전 행동에 대한 책임을 회피하고 여러분의 힘과 건강 그리고 관계에서 대가를 치르게 하는 곳으로 돌아서게 할 잠재력을 갖고 있다. 이러한 상황은 현재의 문제를 처리함에 있어 기꺼이 책임질 때까지 계속될 것이다. 불평은 주변의 못마땅한 상황을 돌려놓기 위한 조치의 요구를 상기시켜 주는 붉은 깃발이다.

불평을 행동으로 전환시킨다.

1) 자신에게 불평이 있을 때마다 요청과 더불어 어떤 조치가 취해지는지 알아본다.

2) 각 불평이 적법한 것인지, 고질적인 것인지 알아본다.

3) 여러분이 험담이나 거짓말을 했거나 실수를 했거나 어떤 면으로든 성실성이 결여됐음을 보였는지 확인한다.

4) 계속 불평이 생기는 고질적인 상황의 해결책은 무엇인가?

5) 현재의 불평을 일지에 열거한다. 각 상황을 처리하기 위해 조치를 취할 정확한 날짜를 정한다.

21

사고력 훈련

다음과 같은 상황을 실험해보라. 눈을 감고 큰 칠판을 그려본다. 이제 손톱으로 칠판을 천천히 긁으면서 그 소리를 듣는다. 여러분은 한 어린이가 정말로 여러분처럼 하는 것을 느꼈는가? 여러분이 그런 모습을 분명히 그릴 수 있었다면 그렇게 한 것이다.

개인적인 힘은 자신의 생각과 행동을 완전히 통제하는 상황에 대처하는 능력과 함께 온다. 여러분의 모든 생각은 신체에 물리적인 반응을 보이는 반면, 생각과 일치하는 세계로 에너지를 내보낸다. 정신(mind)은 실제와 분명하게 상상되는 생각의 차이를 화학적으로 분간하지 못 한다. 사람들이 슬픈 영화를 볼 때, 우는 이유가 바로 그것이다.

여러분이 어떤 생각을 하고 그것이 사실인 것처럼 행동할 때, 그것은 사실이 된다. 똑같거나 비슷한 생각을 일정한 빈도로 반복할 때, 그것은 자기달성을 이루는 예언이 될 것이다. 모든 생각은 현실로 나타나는 에너지가 된다. 긍정적으로 나타나기를 원하면 긍정적인 생각을 하고 긍정적인 행동을 하라. 여러분은 되고자 하는 인물에 초점을 맞추고 있으므로 그 인물을 후원하는 생각에 집중해야 한다. 부정적인 생각, 험담, 두려움, 질투 등은 여러분의 삶을 지배하거나 주의를 끌지는 않지만 여러분이 그렇게 하도록 내버려둔다면 그것들은 그렇게 할 것이다.

하루를 시작하면서 다음과 같은 질문을 하는 습관을 가지도록 하라. "이 특별한 생각이나 행동은 내가 되기로 한 사람이 되는 데 이바지하는가?" 자신의 생각에 주의를 집중하는 습관을 가져 여러분이 바라는 존재와 일치할 수 있다. 믿음은 잠재의식 속에 있어 여러분에게 실제로 영향을 주는 에너지를 방출한다. 여러분에게 도움을 주지 못 하는 믿음이 있다면 여러분의 세계를 변화시키는 다른 믿음으로 대체시킨다.

여러분이 목표로 한 사람이 되기 위해 세운 목표에 꾸준히 접근한다. 바라는 존재의 상태를 구체적으로 설명하는 생생한 정신 상태를 만든다. 이미 이런 상태에 도달해도 여러분의 생활양상을 설명한다. 예를 들면, "나는 내가 만나는 모든 사람의 장점을 지지하기로 결심한, 사랑과 인격을 지닌 지도자다. 나는 다른 사람의 세계에서 볼 때, 그것을 이해하고 경청하는 가운데 나의 관계를 강화하는 것처럼 항상 다른 사람의 삶에 더 좋은 결과를 가져다줄 가능성을 찾는다." 여러분이 선언한 비전 성명서를 보기 쉬운 곳에 항상 놔두고 적어도 하루 두 번씩 읽는다. 길에서 벗어났을 경우, 자신을 심하게 나무라지 말고 각오를 새롭게 하라. 여러분이 되고자 하는 사람과 일치하는 모든 특성들을 취해 비전과 일치하는 자신이 되도록 노력하라.

여러분이 목표로 한 인물이 되는 단계

1) 매일 생각의 패턴을 좀더 잘 알려고 결심한다. 행동을 결정하는 데 부정적인 생각이 들 때, 주의를 기울인다.

2) 사물의 긍정적인 본질에 대해 집중하겠다는 결심을 다른 사람에게 알린다. 그들에게 여러분이 긍정적인 것에 초점을 맞추는 일에서 벗어난다고 느끼면 언제든지 상기시켜달라고 부탁한다.

3) 여러분의 생각을 관리하겠다는 결심을 굳히기 위해 경험한 것과 발전 상황을 일지에 기록한다.

22

개인적인 힘의 파악

> 유능한 사람이란 문제를 일으키려는 사람이 아닌 기
> 회를 활용하려는 사람이다.
>
> 작가이자 리더십 디자인에 대한 컨설턴트 및 전문가
>
> *피터 드러커*

'그레그'는 직장을 싫어한다. 사장은 요구하는 것이 많고 비합리적인 사람이다. 월급은 다섯 식구가 겨우 먹고 살 정도다. 만약 다른 고용주라면 자신을 인정해주고 그의 재능을 알고 있었지만 새로운 상황이 불확실해 선뜻 변화를 시도하지 못 하고 있다. 적어도 현재의 직장은 안전하며 모든 기복을 알고 있기 때문에 최선을 다해 그것을 헤쳐나가는 방법을 알고 있다.

언젠가 적당한 때가 되면 현재의 직장을 그만두고 재능과 능력을 알아주는 곳으로 옮기리라고 자신에게 말한다. 그렇게 하는 동안 나쁜 상황을 가장 잘 이용하는 방법을 찾을 것이며 행운을 기대한다. 복권에 당첨되거나 돈많은 삼촌이 별세해 거액의 유산을 남겨룰지도 모른다. 무슨 일이든지 꼭 일어나야만 한다.

  개인적인 힘이란 의미있는 변화와 신속하고 효과적인 방법으로 기대할 수 있는 결과를 가져오는 능력을 말한다. 개인적인 힘을 통제하는 데는 세 가지 중요한 요소가 있다.

  첫째는 의미있는 방법으로 세상에 영향을 미치는 능력이다. 이러한 힘을 지닌 사람은 다른 사람과의 교류를 통해 변화를 가져올 수 있다. 상황을 변화시키고 다른 사람으로 하여금 활동하도록 만드는 능력을 가진 사람들은 이 힘을 이용해 그들이 의도한 어떤 결과라도 가져올 수 있다. 힘있는 사람은 일의 진행 상황에 자신을 내맡기는 대신, 자신의 뜻에 맞도록 상황을 변화시킴으로써 문제에 대처한다. 그는 자신과 주변에서 일어나는 일의 원인이 된다. 임의로 할 수 있는 개인적인 힘을 깨닫는 것으로써 그는 다른 사람에게 영향을 주고 그의 세계에 발전을 가져다줄 수 있다. 이런 능력은 다른 사람에게 영향을 주고 기대하는 결과를 가져오는, 천부적인 재능을 지닌 소수에게만 국한되지는 않는다. 그것은 최대의 효과를 가져오는 데 필요한 기술과 핵심이 되는 원칙을 습득하는 데 기꺼이 책임지려는 사람에 의해 계발될 수 있다.
  두 번째 요소는 결과지향적인 것과 관련 있다. 여러분은 의도한 결과를 생산하거나 결과가 부진한 것에 대해 핑계거리를 가지고 있을 것이다. 결과는 분명하다. 개인적인 힘이 결여된 사람은 생활 속에서 마주치는 문제에 의해 항상 좌우되는 사람들로서 자신이 처한 환경의 희생자들이다. 결과를 놓친 이유에 대해 자신의 이야기에만 집중할 때, 여러분은 힘을 잃게 된다. 의도했던 결과를 달성하지 못 한데 대한 변명은 외적인 환경에 미치는 여러분의 힘을 상실시킨다. 마이크 스미스는 이렇게 말했다. "여러분이 곰을 잡아먹든가 곰에게 잡아먹히든가 둘 중 하나다." 중립지대란 없다. 여러분은 바라는 결과를 얻거나 얻지 못하는 것, 둘 중 하나다. 이야기의 종말은 더 바랄 것이 있다면 아무 이야기도 필요없다는 것이다.

세 번째 요소는 결단력이다. 힘있는 사람은 결단력있게 행동하며 신속함과 확실한 목표를 가지고 그들이 의도하는 결과를 가져온다. 사람의 힘은 그의 의견이나 의도를 현실로 만들어내는 데 걸리는 시간과 직접적인 관계가 있다. 여러분이 자신의 힘과 보조를 맞추지 못할 때, 그것을 쉽게 깨달을 수 있는 한 가지 방법은 다음과 같은 자신과의 대화에 유의하는 것이다. "때가 적절치 않다. 지금이 행동하기에 가장 좋은 시기는 아니지만 장차 어떤 특별한 일이 일어나면 행동할 것이다. 그 때까지 기다렸다가 행동할 것이다."

이것은 여러분이 모든 사실을 수집할 때까지 기다리거나 상황이 정확하게 제자리로 돌아가거나 계획을 수행할 방법을 생각해낼 때까지 기다리겠다는 것으로 보인다. 이 논리가 가진 문제는 현재란 뭔가 행하기에 결코 가장 적합한 때가 아니라는 것이다. 결단력있는 행동을 연기하는 것은 자신의 힘을 낭비하는 것이다.

우리에게는 항상 무슨 일이건 일어나고 있거나 행동을 방해하는 일이 생기기 때문에 지금이 행동하기에 가장 완벽한 때라고 할 수 있는 시간은 없다. 우리에게 완전히 준비된 때란 결코 없을 것이다. 이것은 하나의 문제를 해결하고 나면 반드시 또다른 문제가 생기기 때문이다.

활기차게 행동하기 위한 능력을 다시 얻기 위해 다음 내용을 고려한다. 여러분은 과거나 미래의 행동에 접근할 수는 없다. 행동할 수 있는 유일한 순간은 현재 뿐이다. 행동하기에 적절한 시간이란 결코 없으므로 개인적인 힘을 파악하고 나이키가 말하는 것처럼 "그냥 행하라!"

무능한 사람은 결정적인 순간이 오기를 기다리는 반면 유능한 사람은 그 순간에 결정적인 사람이 된다.

개인적인 힘을 주장하는 훈련

1) 인생의 어떤 분야에서 여러분이 처한 상황에 만족하지 않는가? 여러분이 오랫동안 머물러 있었던 분야에 대해 특별히 역점을 둔다.

2) 여러분이 좋아하지 않는 상황을 개선하기 위해 선뜻 행동하지 못 했던 이유에 대한 변명, 세 가지를 열거한다. 긍정적인

행동을 방해한 것은 무엇이었나?

3) 위의 각 상황을 분명하게 해결하는 행동을 구체적으로 결심한다. 결과를 가져오고 상황을 긍정적인 방향으로 움직이기 위해 정확히 어떤 조치를 취해야 하는가? 개인적인 힘을 향해 당당하게 나아가면서 결정적으로 움직일 날짜를 정한다.

4) 여러분의 결심과 생각을 일지에 기록한다.

23

신뢰받는 생활

'존'의 부친은 존이 자라는 동안 끊임없이 그를 꾸짖었다. 그는 자신이 하찮은 존재라는 느낌을 감추기 위해 모든 것을 아는 권위자인 척한다.

'수'는 2학년 때 낙제했다. 그녀는 우둔해 따돌림받을 것을 걱정해 급우들이 그녀를 좋아하도록 어릿광대짓을 한다.

'빌'은 여섯 살 때 동생과 싸우다 본의 아니게 그를 죽일 뻔한 적이 있었다. 그는 자신이 악하다는 생각을 감추고 성인다운 인격을 보인다.

'린다'는 어렸을 때 학대받으며 자라 자신을 쓸모없는 쓰레기처

럼 여긴다. 이것을 보충하기 위해 그녀는 다른 사람을 도와주는 역
할을 하기로 한다.

우리는 모두 자신과 다른 사람 그리고 일반적으로 세상사람들이
생각하는 이미지에 따라 생활한다. 실제로 우리가 가진 이미지가
다른 사람이 보는 이미지와 일치하지 않을 때, 다른 사람이 보기에
우리가 감당할 수 없는 것들을 감추기 위한 행동을 한다.

이들은 각자에 대해 그들이 가진 이미지를 받아들이지 못 한다.
그들은 자신이 아닌 다른 사람처럼 가장하고 타인이 우려하는 인물
이 아님을 보여주기 위해 무슨 일이든 한다. 그것은 어떤 면에서 수
준 이하의 행동이다. 물론 이것은 결코 내면 깊은 곳에 있는 그들의
모습이 아니다. 각자가 다른 방법으로 자신의 부적절한 존재에 대
해 거짓개념을 만들어낸 것이다. 그들은 사실과 혼동되는 이야기를
지어내 스스로를 격하시킨다. 또한 자신에게 결함이 있고 다른 사
람들로부터 사랑을 받거나 인정을 받을 만큼 좋은 사람도 아니고
합당하지도 않다고 생각한다.

그들은 자신들의 몇 가지 바람직하지 못한 결점을 보기 때문에
그것들을 감추고 불완전한 자기이미지와는 전혀 다른 누군가가 되
려고 한다. 본질적으로 그들은 거부당하고 소속되지 않는 것을 두
려워한다. 그들이 묘사하는 행동은 종종 다른 사람들로부터 인정
받을 자격이 있고 상황을 조종하거나 상황에 통제받지 않음을 나타
내려는 것이다.

또한 거짓된 생활을 하고 자신이 아닌 다른 사람을 흉내냄으로써
거짓된 모습을 만들어낸다. 그것은 마치 배우가 영화에서 악역을

묘사하거나 부정직한 중고자동차 세일즈맨이 사고 싶은 마음도 없는 사람에게 차를 팔려고 하는 것과 같다. 그들은 최선을 다해 자신이 아닌 누군가를 흉내내고 있다. 우리는 그들이 뭔가 숨기고 있으며 신뢰할 수 없다는 느낌을 갖는다.

신뢰할 만한 에너지를 발산할 때, 여러분은 개인적인 능력을 최대화한다. 진심어린 말과 행동이 생각과 일치할 때, 다른 사람들은 여러분의 순수하고 매혹적인 에너지를 감지할 것이다. 신뢰받는 생활은 여러분의 정체와 행동이 다른 사람들이 여러분에 대해 알아주기를 원하는 것의 간격을 메우는 데서 온다. 신뢰란 여러분의 존재가 여러분이 하는 말과 일치할 때 빚어지는 결과다. 생각과 다른 모습을 보일 때, 타인들은 불일치를 느낀다. 언행이 일치하지 않을 때, 다른 사람들은 여러분의 말을 듣지 않고 개인적인 영향력은 감소할 것이다.

예를 들어, 행사에 누군가를 초대했는데 그는 오겠다고 말은 하지만 왠지 그의 태도에서 오지 않을 것같은 느낌을 받은 적이 있는가? 여러분은 그가 신뢰할 수 없는 사람으로서 거짓말을 하고 있음을 감지했다.

신뢰받는 생활의 열쇠는 자신에 대해 편안함을 느끼는 데서 시작된다. 더이상 거짓말을 하거나 자신을 감추는 이미지를 만들어내는 생활을 하지 않겠다고 결심할 때가 바로 이 때다.

자신의 힘에 접근한다는 것은 과거를 청산하는 것을 의미한다. 그것은 자신을 사랑하는 것이며 자신을 보호하는 것들을 없애버리고 다른 사람이 여러분을 사랑하게 되는 일을 두려워하지 않는 것이다. 과거가 더이상 여러분을 지배하지 않을 때, 자신으로부터 오는 신뢰와 더불어 살 수 있게 된다. 그렇게 되면 자신의 미래를 자유롭게 발견하는 일에 초점을 맞추며 목적을 갖고 여러분을 재발견하게 된다.

신뢰를 위한 훈련

1) 여러분은 어떤 경우에 거짓말을 하는가? 자신의 특성이나 생각을 다른 사람에게 알리고 싶지 않은가?
2) 어떤 면에서든 자신이 부적합하다거나 선하지 못 하다는 느낌이 든 최초의 시기는 언제인가? 실제로 일어났던 일은 무엇인가? 자신이 부적합하다는 것에 대해 어떤 이야기를 지어냈는가? 자신에 대한 긍정적인 해석으로, 전에 일어났던 일을 다시 해석해본다.
3) 여러분의 생각을 일지에 기록한다.

24

가능성을 위한 대화 나누기

우리는 통상 일상생활이나 인생에서의 전반적인 행운을 향상시키는 방법을 찾는 데 역점을 두고 있다. 이것은 종종 우리가 가진 지식의 기반에 뭔가를 더하면서 더 낫고 멋진 어떤 다른 형태로 일하는 방법을 찾는 것처럼 보인다. 이런 결과로 우리는 작은 진보를 기대할 수 있다. 더 나은 다른 방법은 우리가 이미 가진 것에 뭔가를 추가하고 개선하거나 변경시킬 수 있다는 생각을 하게 한다. 결과적으로 이 생각은 우리가 알고 있고 현재 활용하는 것에 아직 집착하기 때문에 해결책 공개를 방해하고 있다. 그것은 상자 안에서 이루어지는 생각이다.

다른 더 나은 방법으로 문제를 해결하는 일에 지속적으로 주력하는 것은 문제를 고착시켜 악화시킬 뿐이다. 이것은 일반적으로 많은 컨설턴트와 임상의들이 하는 방법이다. 문제를 해결하거나 변화시키는 일에 관심을 집중하기 때문에 종종 중요한 변화는 전혀 일어나지 않는다. 우리가 거부하는 것은 계속 존속한다는 사실을 기억하라.

우리의 사고나 생산성에서의 타개책은 현재 우리가 알고 있는 것의 영역 밖에 있는 가능성을 기꺼이 탐구하고자 하는 마음에서 비롯된다. 가능성을 생각하는 것은 우리가 모르고 있는 것의 영역에서 통찰력을 얻는 것이다. 기꺼이 가능성을 개방하고 탐구하려는 의도는 우리에게 인생을 변화시키는 타개책에 접근할 기회를 준다.

통상적으로 가능성을 탐구하는 데 방해물은 준비되지 않은 어떤 일을 한다는 두려움이다. 중요한 일은 가능성을 기꺼이 탐구하고자 하는 마음과 조치를 취하려는 마음을 분리하는 것이다. 여러분에게는 행동에 옮기지 않고 자유롭게 가능성을 탐구할 수 있는 공간이 필요하다.

가능성을 위한 성공적인 대화는 특히 많은 지식과 창의력을 가진 사람들에게 탐구할 수 있는 옥토를 제공한다. 아무 고려할 가치조차 없을 만큼 상식에서 벗어난 것은 없다. 어떤 사고나 아이디어도 터무니없는 것은 없다. 어떤 생각이 어리석거나 쓸모없다는 생각은 버려라. 상상에는 한계를 그을 필요가 없다.

가능성을 위한 브레인스토밍이나 대화를 나누는 절차는 공동의 목표, 관심사나 배경을 함께 이야기하는 사람들과 공유할 수 있다. 그것들은 또한 특수한 그룹이나 뛰어난 사람들 사이에서 밝혀진 일상적이고 습관적인 사고의 절차 영역 밖에서 아이디어를 얻기 위해 다양한 경험을 가진 사람들과도 공유할 수 있다. 여러분이 하는 말에 사사건건 동의하지 않는 사람들과의 대화의 출구를 마련한다. 그들이 아무리 상대하기 힘들고 괴팍스러워도 방어적이거나 논쟁적인 태도를 취하지 말고 새로운 가능성을 향해 문을 열어둔다. 이 단계에서 여러분은 가능성에 대한 조치가 아닌 탐구 결심을 한다.

　일단 다른 사람에게서 여러분이 알 수 있는 모든 가능성에 대해 적당히 조사하고 나면 아이디어를 얻는 대화는 끝났으며 다음 단계로 넘어간다고 선언한다. 이것은 여러분이 고려하고 있는 가능성 주위의 걱정거리들을 조사하겠다는 말이 될 수도 있다. 개개인에게 중요한 것이 무엇인지 경청하면서 모든 사람이 보낸 피드백을 고려한다. 제기된 특정한 아이디어에 관해 조치를 취할 것인지 결정하기 위해 모든 걱정거리를 철저히 고려한다.

　활동할 기회를 탐구하는 이 대화는, 가능성을 타진하기 위한 사전 대화가 가치있는 아이디어를 제공한 후에 오게 된다. 고려할 사항에는 여러분의 아이디어를 실천할 사람과 자원, 누가 어떤 임무를 맡을 것인지에 관한 토론이 포함된다. 만일 기회와 자원을 조사하는 대화가 충분히 이루어지지 않는다면 사람들은 행동하겠다는 결심을 주저할지도 모른다. 여러분의 계획이 강력히 추진되도록 길을 포장하고 견고한 기반을 닦는 동안 드러날 질문과 의심, 망설임 등을 깨끗이 해결하는 것도 가치있다.

가능성을 위한 대화를 나눈다.

1) 직장과 가정에서, 가족, 친구, 동료 또는 직원들과 더불어 함께 나눠야 할 문제, 아이디어 또는 목표에 대한 가능성을 찾아내기 위해 정기적인 대화를 나누는 습관을 키운다. 이미 계발된 아이디어를 행동으로 옮기겠다는 결심 전에 가능성을 탐구할 공간을 만든다.

2) 가능성을 찾아내기 위해 대화의 문을 열어놓은 결과로 얻게 된 모든 아이디어를 일지에 기록한다.

25

문제의 수용

〈조나단 리빙스턴 시갈〉의 저자

리차드 바크

이 세상에는 항상 문제가 있고 이는 나쁜 것이므로 피해야 한다는 뿌리 깊은 믿음에 따라 우리는 생활한다. 어떤 것을 문제라고 부르는 것은 실제로 일어난 사건이 아니라 일어난 일에 대한 우리의 해석일 뿐이다. 또한, 문제의 등장과 더불어 뭔가 잘못됐다는 즉, 다른 사람이나 우리 주변의 상황이 잘못됐다는 해석이 함께 따라온다.

이런 믿음과 함께 여러 문제가 어떤 사람이나 상황에 대해 우리가 원치 않는 관계가 되어서는 안 된다. 사실, 일반적으로 우리는 불편함을 최소화하기 위해 비상한 노력을 하며 문제를 발생시키는 어떤 것도 피하려고 한다. 문제에 대한 두려움 때문에 그로부터 멀리 떨어져 있으려고 비난, 변명, 불평, 부인 등으로 문제를 감추거나 슬쩍 넘어가려고 한다. 문제를 피하는 것은 우리의 관계, 생산성 그리고 다른 사람과의 관계에 있어 우리의 영향력을 막는다.

우리 모두가 적용하는, 눈에 보이지 않는 가정과 패러다임은 좋은 사람에게는 문제가 없다. 그러므로 문제가 있는 사람을 보게 될 경우, 자연스럽게 해야 할 일은 그로부터 벗어나거나 피하는 것이다.

문제에 대한 이런 예비 지식은 그런 문제가 있음을 부인하거나 적어도 무시하거나 최소화하도록 만든다. 문제가 생기면 우리는 그것을 다른 사람의 탓으로 돌리는 경향이 있다. 물론 이 모든 것은 대화를 방해하고 고통을 야기한다.

우리는 일반적으로 문제에 대해 우리가 선천적으로 가진 예비 지식을 잘 모르고 있다. 그 사실을 모르기 때문에 이 패러다임은 끈에 매달린 꼭두각시처럼 우리를 조종한다. 문제란 나쁜 것이므로 피해야 한다는 믿음이 너무 뿌리 깊이 박혀 있기 때문에 이 관념이 얼마나 우리 인생을 지배하고 있는지조차 모르고 있다.

문제에 대한 예비 지식을 재평가하기 전에 문제를 구성하는 것에 대해 좀더 살펴보자. 문제는 오직 사전 약속을 방해하거나 중지시키려고 할 때 생긴다. 그런 약속이 없다면 문제는 그다지 심각하지 않거나 심지어 문제로 간주되지 않을 수도 있다. 예를 들어, 예식장에 가는 길에 타이어가 펑크났다면, 정시까지 가야 하는 여러분에게는 중대한 문제로 대두된다. 그러나 별 중요한 일 없이 시골길을 지나가다 펑크가 났다면 단지 불편한 일일 뿐이다.

　문제에 대해 우리가 가진 예비 지식의 한 가지 단점은 앞으로 일어날 가능성이 있는 문제를 피하기 위해 문제에서 야기되는 어떤 가능성이라도 그것을 드러낼 만한 약속을 하지 않는다는 것이다. 우리는 문제에 대해 책임질 수 없기 때문에 좁은 범위에서 활동한다.

　문제로부터 야기되는 해결책을 원하기 때문에 실제로 그런 문제들을 찾았을 경우, 여러분은 얼마나 다르게 행동할 것인가? 문제란 뭔가 잘못된 것을 의미한다고 생각하는 대신, 여러분이 성장하고 발전할 수 있는 근원이 된다는 믿음을 갖도록 하라. 여러분을 진보의 다음 단계로 이끌어주는 기회로 문제를 찾고 받아들여라. 항상 문제를 반갑게 맞이하고 그로부터 도망치는 일은 그만두겠다는 마음을 갖는다. 실제로 문제란 좋은 것이다. 개개인에게 있는 황금을 찾아라.

　예를 들어, 수학을 문제라고 생각해보라. 그런 문제들이 어떻게 배우는 일에 도전의 대상이 되고 지식을 키우는 기회를 제공하는지 쉽게 알 수 있다. 우리가 문제라고 이름 붙이는 대부분의 어려움은 그와 유사한 가치가 있는 배움의 경험을 우리에게 제공한다.

　문제는 결코 장애가 아님을 기억하라. 문제에 대한 여러분의 관계와 여러분이 내리는 해석이 진정한 장애가 된다. 만약 여러분이 기필코 문제를 피하려고 한다면 문제가 생기는 것이 두려워 안정된 위치에서 작은 규모로 활동하려고 할 것이다. 그 대신, 창조력을 위한 매개체로서 기꺼이 문제를 받아들여라.

재구성하고 새로운 가능성을 찾고 문제를 중요시하는 원래의 약속을 다시 한번 다짐하기 위한 기회로서 문제와 친밀한 관계를 맺는다.

문제를 처리하는 것과 사람들이 제자리에 머물러 있는
이유에 대한 전형적인 시나리오

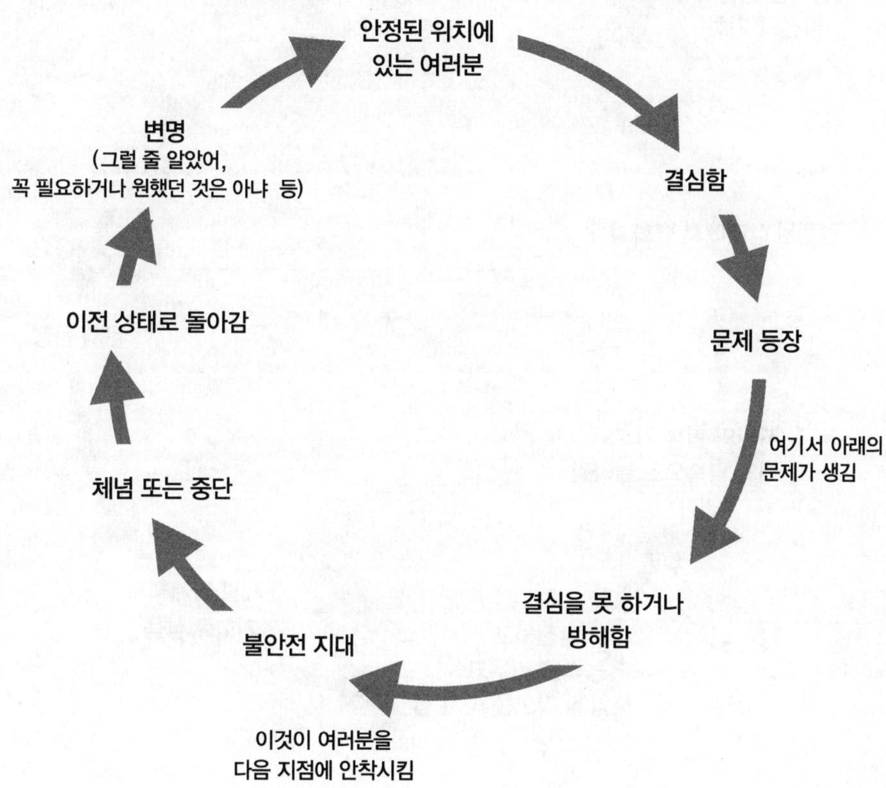

안정된 위치에
있는 여러분
결심함
문제 등장
여기서 아래의
문제가 생김
결심을 못 하거나
방해함
불안전 지대
이것이 여러분을
다음 지점에 안착시킴
체념 또는 중단
이전 상태로 돌아감
변명
(그럴 줄 알았어,
꼭 필요하거나 원했던 것은 아냐 등)

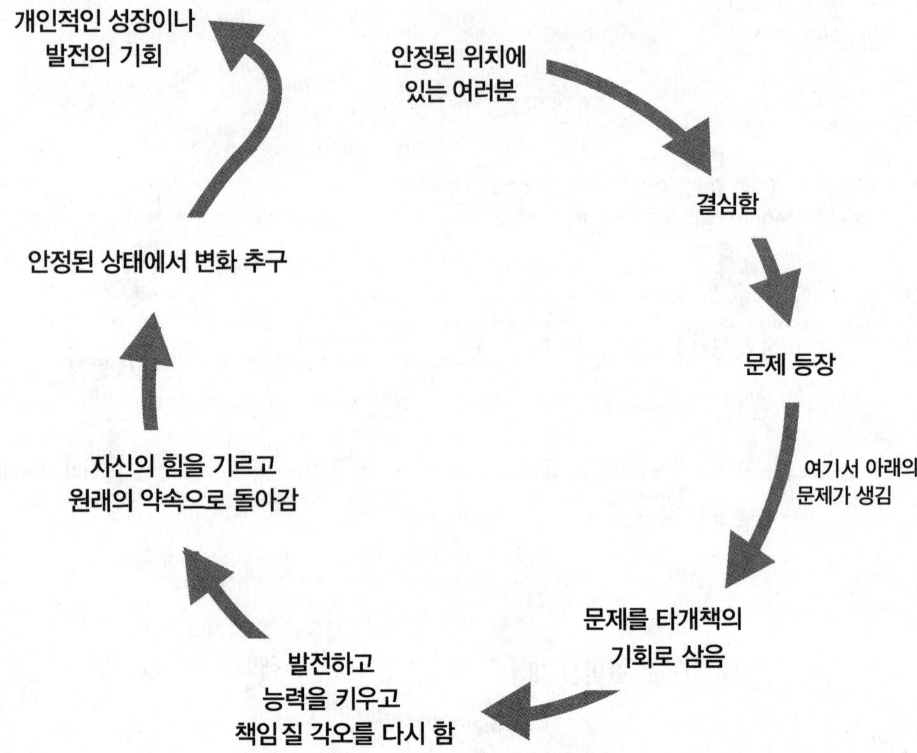

문제에 대한 여러분의 관계를 바꿈
개인적인 성장이나 발전의 기회
안정된 위치에 있는 여러분
결심함
안정된 상태에서 변화 추구
문제 등장
자신의 힘을 기르고 원래의 약속으로 돌아감
여기서 아래의 문제가 생김
발전하고 능력을 키우고 책임질 각오를 다시 함
문제를 타개책의 기회로 삼음

문제를 환영한다.

1) 문제라는 것 때문에 피해버렸던 상황을 적어도 세 가지 열거한다.
2) 각 상황을 위협처럼 느끼게 만든 중대한 약속은 무엇이었나?
3) 편안함을 더 중시해서 앞으로 일어날 문제를 피했는지 아니면 어떤 가치있는 일을 위해 전력을 다하기로 했는지 자신에게 묻는다.
4) 지금 여러분이 피하고 있는 문제를 바라보는 시각과 그 태도에 변화를 가져다줄 해결 방안을 생각한다.
5) 각 문제들에서 어떤 가능성이 보이는가? 그것을 행동으로 옮기기 위해 어떤 결심을 할 것인가? 언제까지 조치를 취할 것인가?
6) 각 질문에 대한 답을 일지에 기록한다.

26

진실을 말하는 힘

> 진리가 너희를 자유롭게 하리라.
>
> 요한복음 8:32
>
> 그것은 너를 먼저 체크할 것이다.
>
> 작자 미상의 부록

나는 치과대학을 마치기 위해 7년 동안 열심히 공부했다. 당당히 내가 할 수 있는 모든 노력을 다했다. 나는 미국에서 가장 성공한 사람 가운데 한 명으로 성대하게 개업도 했다. 돈도 많이 벌었고 환자, 가족, 동료들로부터 존경도 받았다. 그런데 뭔가 빠져 있었다. 개업한지 15년이 지나면서 치과의술은 점점 발전했으며 이제 그것은 열정이 아니라 일이 되어 버렸다.

그러나 내가 할 수 있는 일은 무엇인가? 세상을 살아가는 데 내가 유일하게 알고 있는 치과의술이었다. 또한 지금의 이 자리까지 오기 위해 투자한 많은 시간과 돈은 어떤 것인가? 모두 집어던질 수 있을까? 다른 사람들이 뭐라고 생각할까? 내가 돌보는 환자들은 내가 없으면 어떻게 되는가? 직원들은 어떻게 되나? 얼마나 많은 사람을 낙담시켜야 하는가?

어쩌면 현재의 상황을 잘 이용하고 이것이 내 인생이라는 사실을 받아들이는 것이 현명하다고 생각했다. 그러나 그것은 거짓된 인생이다. 내가 가장 중요시하는 가치관을 생각해볼 때, 치과의술은 더 이상 나의 창의력을 만족시킬 수 없다는 것을 깨닫게 되었다. 치과의사로서의 내 능력 이상으로 기여할 수 있는 자유와 모험과 소망이 필요했다.

이런 사실을 깨달은 나는 진실을 말하기로 했다. 내게 있어 진실이라는 치과의술은 더이상 정력을 쏟고 싶은 것이 아니었다. 그렇다면 내게 가장 중요한 것을 생각했다. 그것은 다른 사람의 체념을 없애고 그들에게 진정으로 중요한 것을 위해 열심히 글쓰고 말하고 고무하는 것이다.

일단 진실을 말하고나자 변화가 일어났다. 가능성이 기회로 바뀐 것이다. 머지않아 병원을 팔고 내 열정에 따라 기업가, 코치, 작가와 교사로서의 새로운 인생을 시작했다. 이 모든 것은 진정 내가 바라는 것을 알아내고 진실을 말하는 용기와 더불어 시작됐다.

다른 사람과 우리 자신에게 정직하지 못할 때, 우리는 인생에서 많은 어려움을 겪는다. 우리 앞에 펼쳐지는 도전과 거짓과 고통에 대해 무감각해지고 더 나은 방법을 보는 시각을 잃게 한다.

그런 우를 범하지 않는 가장 단순한 방법은 항상 진리를 말하는 것이다. 다른 사람에게 정직하게 대하는 것은 자신에게 정직한 것으로부터 시작된다. 여기에는 여러분이 매일 말하고 행하는 모든 것을 평가하는 힘을 기르는 것과 거짓말을 파악하는 것이 포함된다. 거짓말은 여러분의 직감과 상충하며 중요한 가치관을 지키지 못 하게 하거나 성실성과 타협하게 만든다. 생각과 말과 행동에서 거짓말을 들춰내는 데 익숙할수록, 여러분은 진실을 말하고 그에 따라 생활함으로써 자신의 힘을 극대화시킬 수 있다.

진실을 말하는 것은 다른 사람에게도 승낙하는 것이다. 책임지고 말하는 진실은 사람들에게 해를 끼치지 않음을 기억하라. 진실을 말하지 않는 것이 오히려 해를 끼친다. 같은 이유로 진실을 말하겠다는 결심은 결과는 생각하지 않으면서 하고 싶은 말은 뭐든지 할 수 없다는 것이다.

진실을 말하는 것은 책임감 없이 여러분의 의견을 말하는 것과는 다르다. 중요한 것은 여러분에게 진실한 것으로 보이는 것을 책임감 있는 방법으로 말하는 것이다. 듣는 사람의 분명한 태도나 사고방식에 주의를 기울여 가장 정확하게 이해할 수 있는 사람에게 진실을 말해야 한다. 다른 사람에게 해를 끼치지 않는 방법으로 할 말을 하라. 진실을 말하겠다고 한 여러분의 각오가 당면할 수도 있는 불필요한 문제들로부터 얼마나 자유롭게 해주는지 살펴보라.

진실을 말한다.
1) 아래 언급된 인생의 여러 분야에서 거짓을 시인하라.
- 육체적, 정신적, 영적인 건강
- 관계

- 직장
- 열정과 오락
- 재력
- 개인적인 발전

2) 진실을 말하겠다는 결심에 따라 어떤 조치를 취하겠는가?

3) 여러분의 생각을 일지에 기록한다.

27

다른 사람들을
내버려두기

'산드라' 는 사람들에게 기탄 없이 대하는 것을 늘 자랑스럽게 여겼다. 그녀는 속마음을 분명히 말하면서 자신의 생각을 알린다. 만약 사람들이 그녀의 그런 솔직함을 감당하지 못 한다면, 그것은 그들의 문제라고 생각했다.

산드라는 그녀의 냉정한 태도가 자신의 영향력을 감소시키고 관계를 손상시킴을 몰랐다. 산드라는 자신의 말을 더 잘 알아 사람들이 거부하지 않고 그들을 기탄 없이 대할 수 있음을 깨닫지 못 했다.

자신의 스타일이 다른 사람에게 미치는 영향력에 방해가 됨을 깨닫자 그녀는 다른 사람들을 그대로 놔두고 진실로 말하는 새로운 방법을 찾아냈다. 결과는 전혀 새로운 단계에서 다른 사람과 더불어 효과적으로 일할 수 있는 돌파구가 되었다.

　여러분은 늘 진실만을 말하겠다는 결심을 했다. 자신이 결심한 것에 대해 무관심하거나 공격적인 태도를 취하지 않고도 어떻게 명예롭게 실천할 수 있는가? 정답은 다른 사람이 여러분의 말을 귀담아 들을 수 있도록 책임감 있게 말하는 것이다. 이것은 여러분의 생각을 애정과 동정심으로 표현하고 다른 사람의 입장이 되어 보는 것을 의미한다. 다른 사람을 존중하면서 책임감 있게 대화하려고 할 때, 그들은 결과에 해를 입히지 않고 여러분의 말을 들으려고 할 것이다. 즉, 그들이 감정을 상하지 않고 들을 경우, 그렇다는 것이다. 여러분이 부정적이거나 해를 끼치는 방법으로 말하는 것을 그들이 듣기로 한 것은 여러분 쪽에서 무책임하게 말한 결과는 아닐 것이다.

　다른 사람은 그대로 놔둔 채 책임감 있게 말하는 것을 알아야 한다. 그러나 그들을 혼란스럽게 만들 수도 있는 여러 해석도 처리할 책임까지 있는 것은 아니다. 캐롤 맥콜의 말처럼, 혼란의 책임은 99%가 혼란스러워지는 사람에게 있으며 1%가 혼란을 '야기' 시킨 사람에게 있음을 기억하라. 다른 사람이 여러분의 진실을 받아들이는 태도까지 책임질 필요는 없다. 오직 여러분은 그것이 어떻게 전달됐는지 즉, 사랑과 연민과 민감함과 완전함을 가지고 전하기만 하면 된다.

책임감 있게 말하기

1) 책임감 있게 말하고 다른 사람을 그대로 놔두겠다는 결심은 여러분의 대화에 얼마나 영향을 주는가?

2) 책임감 있게 말하는 것과 충돌이나 혼란을 피하기 위해 문제를 건너뛰는 것을 구별하라.

3) 여러분이 말하는 것과 그들이 듣는 것에 책임진다. 주변사람들이 수용력 있는 경청 태도를 어떻게 더 잘 만들어낼 수 있는가?

4) 여러분이 관찰한 것을 일지에 기록한다.

28

끌어당기는 힘

마을이 내려다 보이는 언덕 꼭대기 통나무에 한 노인이 앉아 있었다. 한 여행객이 다가가 "저 아래마을에는 어떤 사람들이 살고 있습니까?"라고 묻자, 노인은 다음과 같이 되물었다. "선생의 마을에는 어떤 사람들이 살고 있었소?"

"분노로 가득 차고 부정직하고 실패한 사람들입니다."

"여기도 그런 사람들이 살고 있소." 노인이 말했다.

잠시 후, 두 번째 여행객이 다가와 똑같은 질문을 했다. "저 아래마을에서는 어떤 사람들을 보게 될까요?"

노인이 다시 되물었다. "선생이 마지막에 들렀던 마을사람들은 어땠소?"

"친절하고 정직하고 점잖고 애정이 많았습니다."

"여기서도 그런 사람들을 보게 될 거요."라고 노인이 말했다.

여러분이 세상에 내보이는 것이 여러분에게 다시 되돌아온다. 여러분 자신에게 끌어당기는 사람, 상황, 사건은 여러분이 소비하는 에너지와 일치한다. 우리가 다른 사람에게 미치는 영향력이 우리가 나누는 대화의 목적이다. 원하는 사람과 일들을 자신의 생활에 끌어들이기 위해 여러분이 원하는 것과 일치하는 말을 하라. 긍정적인 사랑의 에너지를 내보낼 때, 이것이 바로 여러분이 누군가를 끌어당기는 힘이 된다.

부정적인 분노의 에너지를 내보낼 때, 인생에서 그것을 보여준 사람을 통해 똑같은 에너지가 되돌아온다. 부정적인 생각을 가진 사람들은 부정적인 사람을 끌어들이고 긍정적인 사람들을 쫓아버린다. 여러분은 부정적이고 회의적이고 다른 사람에 대해 비판적일 수 없으며 여러분의 삶에 행복하고 긍정적인 사람들을 끌어들여라. 여러분이 바라는 사람들을 끌어들이지 못 한다면 자신이 쏟고 있는 에너지를 살펴보라.

인생에서 우리는 생각하는 것들에 주의하는 경향이 있다. 대단한 생각에 초점을 맞출 때, 여러분은 같은 생각의 다른 사람들을 끌어들이게 된다. 인간관계는 우리가 방출하는 에너지를 반영한다. 우리는 다른 사람의 특성에서 우리 자신에 대해 좋아하거나 싫어하는 것을 본다. 여러분이 싫어하는 특성으로 사람들을 끌어당기고 있다면 이런 특성들이 여러분 안에서 어떻게 나타나는지 살펴보라. 자신이 끌어당기고 싶은 이상적인 사람이 되어라. 그러면 여러분의 에너지는 끌어당기는 유사한 에너지와 일치할 것이다. 모든 물질은 세상에 그 모습을 나타내기 전에 먼저 생각으로 창조되었음을 기억하라. 여러분 주변에서 나타나는 모든 것에 책임져라. 어떤 단계에서 여러분은 그것들을 끌어당긴 것이다. 여러분의 정신은 탁월한 생각의 지시에 따라 실존하는 것으로 움직여갈 것이다. 그것이 만약 기쁨, 번영 또는 의미있는 관계라면 거기에 초점을 맞춰라.

여러분이 원하는 것을 끌어당긴다.

1) 다른 사람의 특성과 가치관으로서 여러분이 동경하고 삶에 끌어들이고 싶은 것을 모두 일지에 기록하라.

2) 이런 특성 가운데 어떤 것들이 여러분에게 부족한가?

3) 이런 성품들을 계발하기 위해 그것을 매일 상기시키는 글을 적어 눈에 잘 띄는 곳에 놓아둔다. 그런 것들을 계발하는 데 여러분이 책임질 수 있도록 코치에게 부탁한다.

4) 다른 사람들 가운데 여러분이 비판하려는 특성들을 일지에 열거한다.

5) 초점을 여러분 자신에게로 옮긴다. 이런 특성을 싫어하는가? 부정적인 에너지를 전환시키기 위해 뭘 할 것인가?

29

우리는 즐겁게 지내고 있는가?

인생이 즐겁지 않다고 불평하는가? 그렇다면 즐겁게 지내는 것에 대한 선입견을 바꿔보라. 여러분이 즐겁게 지내는가 여부는 환경이 결정하지 않는다. 그것은 여러분이 환경을 깨닫는 데 달려 있다. 평범한 즐거움을 못 주는 상황을 만나게 되면 그것을 여러분의 시야를 넓히는 기회로 삼아라. 여러분이 경험하는 것을 즐기기 위해 어떤 해석을 할 것인지 자신에게 묻는다. 즐겁게 지내지 못 한다면, 여러분이 하는 모든 일은 자신이 선택한 것이 아닌지 살펴본다. 여러분에게는 일의 수행 여부의 선택권이 있음을 기억하라. 물론 그 결정에는 결과가 따른다.

여러분은 자신의 삶을 끊임없는 선택의 연속으로 살아가고 있는가 아니면 모두 주어진 것처럼 생활하는가? 내적인 의무감에서 살아간다면, 모든 일은 책임이 되고 만다. 자신으로부터 즐거움과 선택의 자유를 빼앗아버린다. 여러분은 똑같은 일을 선택해 할 수도 있지만 그것은 의무감이 아닌 자유 의지에 의해 동기가 부여된 것일 수 있다. 여러분에게 선택할 힘이 있음을 인정하라. 그 선택은 좋든 싫든 여러분이 내린 것이다. 그것을 받아들여라.

의식적인 선택에 의해 움직이지 않는다면, 자신이 지배받는 것을 피하려고 할 것이다. 여러분의 자유 의지는 제한되고 즐겁게 지낼 수 없게 된다. 자신이 선택하게 하라. 어느 누구도 자신이 선택한 것을 못 하게 할 수는 없다. 여러분이 뭘 하든 그것은 뭔가 여러분이 결심한 것에 동조하는 것이기 때문에 실행하도록 하라. 결심한 것을 행동으로 옮길 때, 여러분은 즐거움을 얻게 된다.

즐겁게 지내겠다는 각오를 살펴본다.

1) 인생의 어느 분야에서 여러분은 즐겁지 못 한가?

2) 어느 곳에서 의식적인 선택을 하지 못 하는가?

3) 어디서 자신과 자신의 각오를 영예롭게 하는 일에 책임을 지지 못 하는가?

4) 즐겁게 지내기 위해 당장 무엇을 하겠는가? 적어도 매일 즐거움을 얻을 수 있는 한 가지 일을 계획한다.

5) 여러분의 생각과 각오를 일지에 기록한다.

30

도달이란 없다

개인적인 발전과정에서 한 가지 아이러니한 것은 모르는 것을 탐구할수록, 실제로 아는 것이 거의 없음을 깨닫는다는 것이다.

인간관계에서 우리를 강하게 만들어주는 질문에 대해서는 정해진 답이 없고 오직 탐구를 위한 추가 질문만이 있을 뿐이다. 아이러니하게도, 우리의 힘은 기꺼이 알려고 하지 않는 것에 뿌리를 내리고 있다. 왜냐하면 일단 알게 되면 알고 있는 것 이외의 것에 대한 가능성은 버리기 때문이다.

개인적인 힘과 영향력에 접근하는 가장 좋은 방법을 탐구하는 과정은 평생 걸린다. 그래서 이 책에서는 실습 문제를 제시하고는 있으나 그 결과를 완성할 필요는 없다. 기꺼이 그들 앞에 있는 문제를 탐구하려는 사람들에게는 항상 부가적인 통찰력이 있다.

필자는 여러분에게 다시 이 책의 처음으로 돌아가 각 실습 문제를 풀고 모든 원리를 처음처럼 다시 경험할 것을 제안한다. 브레인 스토밍하기 위해 다른 사람들을 만나라. 각 원리의 결과를 듣는 일은 문제를 기꺼이 해결하려는 사람들에게 새로운 통찰력과 더 깊은 성숙을 줄 것이다.

가능성을 향해 의도적으로 열어두려는 생각은 여러분이 이런 의도가 없음을 느낄 때마다 그 의도를 갖겠다는 각오와 더불어 자신과 주변사람들에게 영향을 미칠 무한한 기회를 제공할 것이다. 그것은 여러분이 개인적인 힘과 영향력을 최대한 활용할 때, 자신을 재발견하는 결과를 가져올 것이다. 그 과정을 즐겁게 수행하라.

우리는 얼마나 용기가 없는가?

우리가 가장 두려워하는 것은 자신이 부적합하다는 것이 아니라 상상할 수 없을 정도로 강력하다는 것이다. 그것은 어둠이 아닌 빛으로서 우리를 가장 두렵게 한다. 우리는 자신에게 묻는다. "내가 누구이기에 뛰어난 존재이며 믿을 수 없는 대단한 재능을 부여받은 것일까?" 실제로 여러분은 얼마나 용기가 없는가?

여러분은 뛰어난 존재다. 여러분이 작은 규모로 활동하는 것은 세상에 이익을 주지 못 한다. 여러분 주위에서 사람들이 불안해하지 않도록 뜻을 펴지 못 하는 것에 관해 설명해주는 것은 아무 것도 없다. 우리는 아이처럼 빛을 발하게 되어 있다. 우리는 자신의 내부에 있는 훌륭한 재능을 드러내기 위해 태어났다. 그것은 소수에 국한되지 않고 모든 사람에게 해당된다. 자신의 빛을 비춰줄 때, 무의식적으로 다른 사람에게도 똑같이 허용하는 것이다. 두려움으로부터 자유롭게 될 때, 우리의 존재는 다른 사람을 자유롭게 해준다.

마리안느 윌리엄스
미국의 작가이자
영성(靈性)과 형이상학 연설자

조 루비노 박사는 북미지역에서 성공과 생산성을 다루는, 일류지도자 중 한 명이다. 그는 〈Visionary International Partnership〉의 CEO(최고경영자)다. 현재까지 그의 저서와 지도력 계발훈련을 통해 도움을 받은 사람은 10만 명이 넘는다. 톰 벤출로 박사와 함께 〈The Center For Personal Reinvention〉의 공동설립자이기도 하다. 이 조직은 개인적인 능력을 최대한 활용하도록 코치하고 생산성과 지도력 개선 과정을 제공하고 있다.

조 루비노 박사의 저서

- 〈The Power to Succeed - More Principles for Powerful Living, Book II〉
- 〈Magic Lantern: A Fable About Leadership, Personal Excellence and Empowerment〉
- 〈Secrets of Building A Million Dollar Network Marketing Organization from A Guy Who's Been There, Done That and Shows You How To Do it Too〉

〈The Center For Personal Reinvention〉 프로그램에 관한 자료나 루비노 박사의 저서를 주문하려면 http:// www. Center for Personal Reinvention.com을 방문하라.

개인발전 추천 프로그램

⟨ **The Center for Personal Reinvention** ⟩
조 루비노 박사와 톰 벤출로 박사

여러분은 인생과 비즈니스의 어느 지점에 있는가?

받아들일 수 없는 체념이나 충돌 단계는 어디였나?

인간관계에서 경청이나 화술이 부족한 곳은 어디인가?

파트너십, 결심 그리고 비전의 관점에서 모자라는 것은 무엇인가?

우리가 살고 일하는 세상은 전례없는 변화와 새롭고 복잡한 도전이 가득한 곳이다. 많은 사람들에게 인생은 성장하고 모험하고 전력을 다해 활동하는 대신, 생존을 위한 어려운 투쟁처럼 보이는 것으로 시작된다. 매일 우리가 경험하는 스트레스, 충돌 및 좌절은 반드시 그런 것만은 아니다.

그 곳에는 또다른 가능성도 존재한다.

- 인생의 도전에 의해 힘을 부여받아 삶과 일을 선택함
- 다른 사람이 파트너십을 키울 수 있는 환경에서 우수한 것을 성취하도록 지원함
- 성숙도, 창의력, 조화를 지속시키는 성공원리를 터득함
- 다른 사람들이 성취감, 파트너십, 탁월함에 대해 새로운 가능

성을 보는 데 영향을 받도록 경청하고 대화하는 기술을 얻음

우리 자신, 세상과 우리의 관계 및 세상을 받아들이는 일을 재발견하는 것은 우리 개인과 다른 사람의 훌륭함에 대한 끝없는 결심의 결과다. 그것이 가능해진 것은 사람들로 하여금 전혀 다른 방법으로 인생과 사람들을 바라보게 한 50가지 정도의 중요한 원리 습득을 통해서다. 사람들이 정말 이 원리를 받아들인다면, 인생, 관계 및 돌파구를 위한 새로운 가능성이 완전히 새로운 시각에서 보일 것이다. 〈The Center for Personal Reinvention〉은 배움과 성장, 활동을 위한 활기찬 원리로서 최첨단 기술을 사용해 이 원리들을 스스로 발견하도록 도움으로써 인생을 보는 방법을 바꾸도록 했다.

이 프로그램을 통해 여러분은 다음과 같이 될 것이다.

- 생산성을 최대한 활용하는 반면, 개인적인 힘에 접근하는 비결을 알게 된다.
- 빠른 속도로 목표에 도달하기 위해 전념해야 할 것을 정확히 알게 된다.
- 새롭고 힘찬 파트너십을 계발하는 반면, 자신의 영향력을 높이기 위한 구조를 구축하게 된다.
- 여러분의 인생과 비즈니스에 대해 완전히 책임지는 것이 어떻게 돌파구를 마련하는지 알게 된다.
- 자세한 행동 플랜에 중요한 요소와 빠른 시간 내에 목표에 도달하는 방법을 발견하게 된다.
- 효과적이고 의도적인 경청과 대화의 열쇠를 얻게 된다.

- 자신을 파괴하는 생각과 행동을 인식하고 그것을 전환시킨다.
- 새로운 연민과 명확함으로 다른 사람을 더 잘 이해하는 통찰력을 얻는다.
- 다른 사람을 여러분에게 끌어당기는 데 필요한 카리스마를 계발한다.
- 지도력 축적에서 오는 자신감과 내적 평화를 경험한다.

❖

〈 **The Center for Personal Reinvention** 〉

성공에 필요한 힘을 전하며!

최고의 결과를 달성하기 위해 주문에 의한

개인맞춤 과정 및 프로그램

역점을 두는 분야에는 다음과 같은 것들이 포함된다:

미래의 계획

인생과 비즈니스를 움직임

무한한 가능성을 만들어냄

약속 관리

개인적인 코치 및 발전

개인적인 영향력을 최대화함

생산성의 약진

지도력 계발

관계 및 팀 구축

충돌 해결

개인적인 힘을 기르기 위한 시스템

개인 및 생산성 변모

성취를 위한 구조 계획

주의 깊게 경청함

가능성을 생각함

앞을 향한 행동의 가속화

팀의 책임을 위한 구조

사고의 쇄신

과거 청산

후회 없는 인생 창조

〈The Center for Personal Reinvention〉은 비전과 일치하는 구체적인 필요사항을 다루는 주문형 프로그램으로 잠재력을 성취하도록 회사와 개인을 지도해 줍니다.

지금 연락 주시면 도와드립니다.
The Center for Personal Reinvention
PO Box 217
Boxford. MA 01921
drjrubino@email.com
800-999-9551, 내선 870번
Fax: 630-982-2134

프리덤 코스(The Freedom Course)
브릿지퀘스트사 제공

강력한 지도력의 원천!

누가 망치 없이 못을 박고 잭 없이 타이어를 바꿔끼우려고 하겠는가? 연장의 필요성을 부인하는 것은 우습지 않은가? 그러나 우리 가운데 많은 사람들이 특히, 삶을 위한 연장의 필요성을 부인한다. 오늘이 무서우리만큼 어제와 똑같고 여러분의 삶이 성촉절(2월 2일, 성모 마리아의 순결을 기려 촛불행진을 한다)을 오랫동안 반복하는 것 같더라도 운명이나 환경, 다른 사람의 탓으로 돌리지 말라. 차라리 여러분이 할 수 있는 선택과 사용할 수 있는 도구를 찾아보라.

새로운 천 년에 돌입하면서 과거의 어떤 것도 현재 여러분이 하는 일에 영향을 미치지 못 한다. 여러분은 조금 전에 있던 사람과는 전혀 다른 새로운 사람이다. 이 새로운 해는 과거에 여러분이 결코 살아본 적이 없는 시간이며 〈Freedom Course〉에서 받게 되는 연장은 여러분이 전에 결코 지녀보지 못 했던 것이다.

똑같은 눈송이나 지문이 없듯이, 이 세상에 태어나는 모든 사람은 각기 독특한 목적이 있다. 우리 각자는 자신의 능력과 의도하는 바에 따라 자신을 나타내며 다른 사람과 결코 같도록 되어 있지 않다. 인생에서 가장 고귀한 목적은 자신에게 진실해지는 것이다. 자신의 존재를 존중한다면, 여러분은 자신의 운명을 성취하고 그 과정에서 다른 사람에게 봉사하는 것이다.

그러나 많은 사람들이 자기 자신과 사랑하는 사람들 그리고 사업 파트너를 위해 우리가 원하는 말을 훼손시키는 나쁜 관계, 습관적인 행동, 좋지 않은 사업 상황, 나쁜 건강 상태를 묵인하고 있다. 우리는 현재 상태를 참아내거나 "다음 주에는 내 인생을 변화시키는 뭔가를 하겠다"라고 하는 것이 고귀한 일임을 확신한다.

목표와 비전과 꿈을 성취하는 길에서 무엇을 얻는지 알아보라. 목표를 세우자마자 나타나는 '장애물'을 살펴보라. 여러분이 바라는 것을 정복하고 성취하기 위한 도구를 얻도록 하라.

우리의 인생에서 중요한 것은 살아온 햇수가 아니라 그 동안 살아온 모습이다. 우리는 가늘고 길게 살거나 굵고 짧게 살 수 있다. 인생에서 원하는 것을 만들어낼 수 있는 비결을 찾아내라. 여러분은 이제 꿈을 실현시킬 능력을 갖고 있다! 어떤 꿈이 여러분을 부르는가? 여러분은 어떤 꿈을 미루어 왔는가? 여러분의 내부에서 불타고 있는 것은 무엇인가? 인생은 활기 넘치며 벅찬 흥분으로 가득차 있다! 문제는 "얼마나 많은 가능성이 있는가"가 아니라 "얼마나 당당하게 인생을 살 것인가"이다.

여러분의 영혼을 새롭게 하라. 날아 오르라. 여러분이 원하는 인생을 지금 만들어 내라.

모든 사람들이 말하는 연장을 얻는 방법을 찾기 위해 〈Freedom Course〉 직원들에게 연락하십시오.

888-412-8720

High Performance People, Inc.

Mach II With Your Hair on Fire
- 개인적인 비전과 자기 동기부여 워크숍

만일 여러분이 다음과 같이 될 경우, 성취할 수 있는 일…
열성적일 경우
끈기 있을 경우
용기 있을 경우
정열적일 경우(가장 중요함)
창의적인 경우(여러분이 노력하는 모든 분야에서 필요함)

여러분은 인생을 얼마나 더 즐기고 싶은가?

만일 여러분이 소규모로 활동하고 안전하게 살기 위해 계획해 놓은 일들을 지나쳐 버린다면 어떤 느낌이 들겠는가?

다른 사람이 아닌 자신을 위해 어떤 삶을 살겠는가?

자신의 가치관과 조화를 이루고 세상에 재능이 기여하는 것에 대해 어떤 느낌이 드는가?

세상에서 온 힘을 다해 활동하는 것을 어떻게 생각하는가?

리차드 브룩이 지도하는(그의 저서, 〈마하 II의 속도로 열정에 불

타는 당신의 머릿결〉에 근거한 것임) 개인적인 비전과 자기 동기부
여 기술은 성취하는 과정에서 평화롭고 흥분할 수 있는 방법을 정
확하게 발견하도록 지도해줄 것이다. 그렇다. 동시에 평화롭고 흥
분되는 일. 그는 어쩌면 여러분의 생애에서 처음으로, 성실하고 자
유롭고 힘찬 가운데 독립적인 사람이 된다는 것의 의미를 발견하도
록 도와줄 것이다.

개인적인 자유에 대한 가장 유능한 강사 밑에서 공부하기 전에,
리차드는 오랫동안 같은 주제를 가지고 씨름해왔다. 〈마하 Ⅱ의 속
도로 열정에 불타는 당신의 머릿결〉은 리차드가 옛날부터 있어온
진리에 접근해 냉소적이고 파괴적인 닭 자르는 일부터 자수성가한
억만장자와 수많은 사람들을 개인적인 자유를 지도해주는 코치로
만들고 자신의 삶을 변화시킨 방법을 알려주는 책이다.

리차드의 작품은 1일, 3일, 7일 형식으로 제공된다.

더 자세한 내용은 888-665-8484로 연락하면 된다.

The World Institute Group:

The Empowerment of Listening Course

Carol McCall and World Institute Group

여러분은 다른 사람이 어느 지점에 이르도록 도와주기 위해 할 말을 다 하는가? 여러분은 다른 사람의 말이 빨리 끝나 자기가 대답하기를 조급하게 기다리는가? 이것은 말하기 좋아하는 사람의 표시로서 여러분이 경청하는 기술을 새롭게 익힐 필요가 있음을 말해준다. 경청은 대화의 핵심이다. 경청하는 기술이 부족한 것은 우리 생활 전반에 영향을 미친다.

〈Empowerment of Listening Course〉를 통해 여러분은 다음과 같은 분야를 향상시키게 된다:

생산성. 분명하면서도 함축된 대화를 시작하고 동료와 가족으로부터 똑같은 것을 주장하는 방법을 배운다.

- 미루는 이유와 자신의 생활에서 성취를 방해하는 요인을 제거하는 방법을 배운다.

결정을 내림. 자신의 결정 과정을 살펴보고 가장 복잡한 직장 / 인생의 선택과 상황에서도 강해진 자신감을 얻는다.

- 신속하고 자신있게 확실한 결정을 내릴 수 있도록 두려움, 편견과 예전의 경험들을 옆으로 밀어낼 수 있는 비결을 밝혀낸다.

- 상충되는 해결, 책임 및 결심한 것을 지키는 분야에서 중요한 발전을 경험한다.

관계. 대화를 분명하며 '깨끗하고' 과거나 현재의 문제에 영향받지 않는 방법을 배운다.

- 여러분이 인간관계에서 어떤 위치에 있든지, 사장 / 직원, 아내 / 남편, 부모 / 자녀 관계를 참된 동반자 관계로 만드는 비결을 찾아낸다.

- 분명하게 표현하지 못 해도 고객이나 예비고객의 요구에 대해 정확한 해결 방법을 제공하고 장기적으로 지속되고 번영하는 사업 관계를 유지하는 방법을 배운다.

- 인종, 종교, 성별, 성에 관한 예비지식, 인생의 경험, 대화 방법이나 직업의 다양함을 통해 경청하는 기술을 계발하고 100%의 인간성을 갖고 말하는 기술을 터득한다.

지도력. 사람들을 성공하도록 존중하며 동기부여하고 추진하는 참된 관계를 만들어내는 방법을 배운다.

- 사람들에게 동기를 부여해 강한 동반 관계를 만들어내고 결국 자신의 지도력을 이루어내는 도구를 습득한다.

창의력. 모든 어린이는 타고난 창의력을 계발하는 방법과 그것을 활용해 삶이 주는 문제를 해결하는 방법을 배운다.

더 자세한 내용은 877-513-3820으로 연락한다.

조 루비노 박사의 다른 저서들

〈 **The Power to Succeed:**
More Principles for Powerful Living, Book II 〉

조 루비노 박사 저

이 뜻깊은 책은 다른 사람과 더불어 가장 행복하고 성공적인 사람이 되고자 전념하는 데 더욱 유력한 통찰력을 전해준 〈The Power to Succeed: 30 Principles for Maximizing Your Personal Effectiveness, Book I〉의 속편이다.

이 책과 더불어 여러분은
- 성공과 행복의 문을 여는 열쇠를 발견하게 된다.
- 경청하는 능력으로 여러분이 끌어당기는 것을 결정짓는 방법을 알게 된다.
- 경청하는 것을 개인적인 능력에 접근하도록 전환시킨다.
- 분명한 의도를 나타내는 것이 여러분 주변에 어떻게 기적을 보여줄 수 있는지 알게 된다.
- 다른 사람들로부터 원하는 것을 얻기 위해 강력히 요청하는 비결을 배운다.

- 다른 사람과 접촉하고 그들이 자신의 훌륭함을 깨닫도록 지도하는 방법을 찾는다.
- 여러분의 탁월함을 지지하는 해석법을 만들어내고 여러분을 왜소하게 만드는 것을 피하도록 한다.
- 자신이 결심한 대로 말하고 행동하는 힘을 기른다.
- 다른 사람과의 대화가 여러분의 삶에서 어떻게 원치 않는 조건들을 없앨 수 있는지 알게 된다.
- 행복해지고 매일 일어나는 혼란스런 일들을 제거하는 비결을 발견하게 된다.
- 여러분의 능력을 포기하고 험담하는 일을 중단하는 방법을 배우게 된다.
- 방향과 목적을 가지고 여러분의 인생을 이끄는 능력을 키우며 그렇게 하지 않을 때, 어떤 대가를 치르는지 발견하게 된다.
- 그리고 더 많은 것을 얻게 된다.

〈The Power to Succeed: 30 Principles for Maximizing Your Personal Effectiveness, Book I〉과 그 후편인 〈The Power to Succeed: More Principles for Powerful Living, Book II〉는 여러분이 원하는 사람이 되고자 하는 데 효과적인 과정이 될 것이다. 이 책들을 읽고 여기서 다루고 있는 원리들을 취하여 여러분의 인생과 사업이 변모하고 번성하는지 지켜보라.

〈**The Magic Lantern: A Fable About Leadership, Personal Excellence and Empowerment** 〉

조 루비노 박사 저

　난쟁이, 요정, 악귀와 마녀들이 살고 있는 요술나라의 〈The Magic Lantern〉은 우리에게 성공과 행복에 이르는 열쇠를 가르쳐 주는, 개인발전에 관한 매혹적인 이야기이다. 이 매혹적인 이야기는 우리가 만나는 모든 사람과 함께 최대한 효율적인 사람이 되는 것을 가르친다. 반면, 참된 지도력의 의미도 함께 파헤친다. 루비노의 우화는 일단의 난쟁이들이 젊은 지도자와 함께 인생과 - 조화와 끝없는 가능성으로 가득 찬 - 많은 사람들이 경험하는 후회와 혼란의 공간을 찾아 떠나는 이야기를 들려 준다. 혼란에 빠진 마을에 평화와 일치를 회복하라는 사명을 띠고 유쾌한 인물들은 사건이 많은 여행길에서 만나는 여러 어려움을 극복한다. 자기발견을 통해 그들은 지도력을 쌓고 다른 사람에게 공헌하면서 될 수 있는 가장 훌륭한 인물이 되는 데 필요한 중요한 원리들을 터득한다. 〈The Magic Lantern〉은 우리에게 다음과 같은 교훈들 즉, 용서의 힘, 책임과 결심의 의미, 지도력의 정의, 믿음과 긍정적인 기대의 마술, 기술로서의 경청의 가치, 자신의 감정과 행동을 자제하는 비밀 등 많은 것을 가르친다. 〈The Magic Lantern〉은 위대한 장인들의 자기발전 도구를 담은 톨킨의 〈The hobbit〉을 연상시키는 매혹적인 이야기로 되어 있다. 그것은 우리시대 고전 중 하나가 될 것이다.

　여러분은 성공적인 네트워크마케팅 제국을 건설하는 방법에 필요한 모든 것을 가르쳐주는 베스트 셀러를 읽어본 적이 있는가?

〈 **Secrets of Building A Million Dollar Network Marketing Organization from A Guy Who's Been There, Done That And Shows You How to Do it, Too** 〉

조 루비노 박사 저

네트워크마케팅 비즈니스를 구축하는 데 성공하는 열쇠가 무엇인지 〈석세스〉지, 1995년 12월호의 커버스토리 〈백만장자를 만드는 사람〉의 주인공으로부터 배워라.

이 책에서 여러분은
- 네트워크마케팅에서 성공의 문을 여는 6가지 열쇠를 얻게 된다.
- 의심과 두려움으로부터 자유롭게 사업을 구축하는 방법을 배운다.
- 여러분의 경청 방법이 성공을 어떻게 제한했는지 발견하게 된다.
  그리고 …
- 경청하는 방법을 바꿈으로써 빠른 시간 안에 목표를 달성하게 된다.
- 마치 자석처럼 사람들을 끌어당기기 위해 선(禪)을 이용하게 된다.
- 관계를 구축하고 예비고객의 문제를 즉시 알게 된다.
- 예비고객을 찾아내는 완벽한 접근법을 알게 된다.
- 예비고객이 반대하는 어떤 이유도 여러분에게 합류하도록 전환시킬 수 있게 된다.

- 가장 생산적인 자원을 가려내게 된다. 그리고 …
- 네트워크마케팅의 숫자 게임에서 승리하게 된다.
- 미래를 보장하는 단계적인 사업 계획을 계발하게 된다.
- 여러분의 수입을 10배로 늘리는 일일 행동계획을 세운다.
- 자신을 최고의 후원자와 사업 파트너로 평가하게 된다.
- 여러분의 성공을 보장하는 열정적인 비전을 만들어 내게 된다. 그리고 더 많은 것을 하게 된다.

"이것은 네트워크마케팅 사업을 구축하는 방법에 관해 오늘날 우리가 구할 수 있는 가장 좋은 책일 것이다."

〈업라인〉지의 창간인

존 밀튼 포그

"조의 저서는 성공적인 네트워크마케팅 비즈니스를 구축하는 방법에 관한 성경이다. 내가 강력하게 설득할 수 있는 한, 조 루비노 박사의 방법으로 네트워크마케팅의 장인이 될 것을 제안한다.

이 책을 단순히 읽지만 말고 탐독하라!"

〈마하 II의 속도로 열정에 불타는 당신의 머릿결〉의 저자

리차드 브룩

회사에서 최고가 되기 위해 전념하는 방법을 배워라!